江西通史

——清前期卷下册

目錄

第二章｜清前期管理江西的重要舉措與制度建設

第三章｜閩廣移民的進入與清前期江西農業經濟的發展

第六章｜清前期江西的文化、藝術與科技

第六章——
清前期江西的文化、
藝術與科技

第一節 ▶ 「三山」呼應的江西明遺民群體

一 「三山」遺民群體的基本情況

寧都縣城西郊十里許，有山名翠微峰，其山體如利劍直插雲天。清初，寧都名流魏祥、魏禧、魏禮、李騰蛟、邱維屏、彭任、曾燦和南昌志士彭士望、林時益九人結聚其上，顏其講室曰「易堂」，世稱「易堂九子」。

魏祥、魏禧、魏禮三兄弟聲望頗著，有「寧都三魏」之稱，是「易堂九子」的核心。魏祥，宗派名際瑞，字善伯，號伯子、東房，明末邑增生，清順治十七年（1660 年）歲貢。游幕十餘年，於康熙十六年（1677 年）十月十四日勸降韓大任時被害。篤治古文，喜《莊子》、《太史公書》，著有《魏伯子文集》十卷、《四此堂稿》十卷、《五雜俎》五卷；魏禧，宗派名際昌，字冰叔、凝叔，號裕齋、叔子，年十一補縣學生。明朝覆亡後，他悲痛萬分，曾謀劃與曾應遴起義兵。事敗後棄諸生，與諸友采山歸隱。形幹修頎，目光射人，性仁厚，寬以接物，不計人過。有經世才幹，論事縱橫雄傑，倒注不窮，遇事籌劃周密，識見超人。為文主識議，凌厲雄傑，感慨激昂，摹畫淋漓，為清初散文三大家之一。著有《魏叔子文集》二十二 卷、《日錄》三卷、《詩》八卷、《左傳經世》十卷等。「易堂九子」中，魏禧的成就最大，聲望也最高，是「九子」的領袖。魏禮，宗派名際立，字和公、蒙齋，邑附生。少時魯鈍，長而學成。性寡言，負才性，急然諾，喜任難事。曾長期遠遊，年五十返翠微峰，於峰左干構屋五楹，率妻子隱居十七年。詩類韓愈，文則近柳宗元。著有

《魏季子詩文集》十六卷。

李騰蛟、邱維屏、彭任、曾燦和「三魏」的關係相當密切。李騰蛟年最長，為人淳厚，「三魏」兄事之。邱維屏是「三魏」的妹（姊）夫，曾燦、彭任是「三魏」孩提時的好友。李騰蛟，字力負，號咸齋。甲申國變，棄諸生隱居翠微峰。後移居三巘峰三十餘年，以經學教授。為人謙和仁厚，有古君子風。年六十卒，易堂諸子和朋友們私諡「貞惠先生」。著有《半廬文稿》和《周易剩言》。曾燦，原名傳燈，字青藜，號止山，晚年自號六松老人，貢生。曾隨父明給事中曾應遴率數萬援軍往救贛州，失敗後落髮為僧，遊閩、浙、兩廣間。後來順從母願還俗回鄉，在翠微峰南側之枝山築六松草堂，躬耕不出數年。為生計曾僑居吳下二十餘年，後客遊北京以卒。著有《六松草堂文集》十四卷、《西崦草堂詩集》。邱維屏，字邦士，號慢廡，人稱「松下先生」，生員。入清後，先後隱居翠微峰及梅江東岸。喜作時文及古文，為文師法司馬遷、歐陽修。尤精《易》、曆數及泰西算法，桐城方以智來訪時與其推演算術，深為歎服，讚道：「此神人也。」著有《周易剸說》十二卷、《松下集》十二卷、《邱邦士文集》十八卷。彭任，字中叔，一字遜仕。國變後，棄諸生隱居於翠微峰附近之三巘峰，顏其堂曰「一草亭」，人稱「草亭先生」。為人淡泊名利，端莊嚴肅。江西巡撫安世鼎聞其名，欲聘請到白鹿洞書院講學，他藉故推辭。著有《草亭文集》二卷和《周易解說》四卷等。

彭士望、林時益和「三魏」相識則頗具戲劇性。據魏禮記述，彭、林二人遷居寧都時，恰巧住在「三魏」附近。彭士望常

從「三魏」家門口經過，「三魏」覺得他風度不凡，遂主動結交。[1]彭士望，本姓危，字以行，一字達生，號躬庵、晦農，明末諸生。少有名節，與歐陽斌元、王綱友善，後從父命師事黃道周。明亡，與原兵部職方司主事楊廷麟起兵抗清而未果。南明福王時，入揚州督師史可法幕，建議用高傑、左良玉兵馬翦除馬士應、阮大鋮之輩。此策未被史可法採用，士望辭歸，為避亂攜家遷寧都，隱居翠微峰。楊廷麟於贛州舉兵抗清時，邀士望相從。清兵破贛州後，士望返寧都，此後常以不死為恨。讀書好觀覽大意，於無文字處求出古人精神。為文一主實用，才情氣魄極盛。所著有《手評通鑑》二九四卷、《春秋五傳》四十一卷。《詩文集》原有四十卷，多有散佚，後尤其孫彭玉雯蒐集付梓，為《恥躬堂詩文集》二十六卷。林時益，字確齋，號退庵。原姓朱，名議霶，系明宗室，少時襲爵奉國中尉，人稱「朱中尉」。和

・翠微峰（選自《易堂九子散文選注》卷首附圖）

1　參見魏禮《先叔兄紀略》，《魏季子文集》卷十五，第 37-43 頁，《寧都三魏全集》，清道光二十五年刊本。

彭士望相友善，明亡，隨士望舉家遷寧都。初隱居翠微峰，後為生活所迫，率妻子遷冠石種茶。康熙七年（1668年），清廷詔令隱居山林的明宗室子孫恢復姓氏，還給田廬。時益不為所動，仍在冠石躬耕自食。酒後往往悲歌慷慨，見精悍之色。晚年摧剛為柔，儉樸退讓，且好禪。著有《冠石詩集》五卷和《碓齋文集》。

與彭士望、林時益相交是「易堂九子」成名的契機。彭士望閱歷豐富，視野開闊，在隱居之前便「為名卿相所賓禮，立義聲，有大名於時」。而當時「三魏」等人「侷促鄉里，名不出州府」，與士望成為摯友如同「發醯雞之覆而見天，取智井之蛙而投之江河」[2]，對他們思想的成熟、學識的增長和氣節的砥礪具有極為重要的意義。

順治三年（1646年）冬，福建和贛州相繼陷落，諸子知大勢已去，遂決計歸隱翠微峰。歸隱的準備工作早在順治二年冬就開始了。當時翠微峰的業主邑人彭某正鑿磴架閣道，在峰頂建屋以避亂。魏禧提議魏氏一門及其親友合資千金，與彭某一道經營。峰上建築依地勢而建。峰頂南北兩峰較高，中間稍低平，主體建築就建在這裡。易堂背靠南干，坐南朝北。左右有橫屋，堂前有池塘一方。峰上居屋主要有五處，易堂為公堂，魏氏一門住左廂，邱邦士靠後。右廂為彭士望、林時益所居。池塘對面住的是曾燦和李力負，易堂右邊絀口諸屋為李少賤、謝子培、楊曾所

2　魏禧：《彭躬庵七十序》，《魏叔子文集・外篇》卷十一，第 78-80 頁，《寧都三魏全集》，清道光二十五年刊本。

居。魏禧居易堂後之勺庭，彭某獨居中干巔。除居室外，峰上其他配套設施一應俱全，防守措施也甚為嚴密，還有較為嚴密的管理條例。「九子」及其親友在翠微絕險處建立了一個遺世獨立的小社區。[3]

隱居期間，易堂諸子在峰巔合坐讀史，誦讀講貫，間而宴集鼓歌，飲酒賞景，吟風弄月。彼此稱友兄弟，親密無間。然而在規諫過失或探討問題時，經常疾言厲色爭論不休。但過後大家仍舊歡然笑語，胸中無毫髮芥蒂。[4]

不過，這種九子齊集，共同切磋學問、砥礪志節的局面並未維持多久。順治九年，彭某為洩官司失敗之憤，交通「土賊」準備攻城，事敗後翠微峰受到清兵的圍剿。經此大亂，山寨成為一片廢墟，諸子被迫離開翠微峰四散謀生。順治十一年，魏際瑞從廣東歸來，出資修復山寨。然諸子有的四處謀食，有的隱居他山，所以僅時一過從，相聚的時間很短。

與「易堂九子」並列的，還有南豐程山的謝文洊及其弟子「程山六君子」和星子髻山的「髻山七子」。

謝文洊，字秋水，號約齋，世稱程山先生，南豐人，諸生。明末天下大亂，慨然有出世之志向，曾入廣昌香山學禪。後讀龍溪王氏書，與朋友講王陽明之學。四十歲時，參加新城（今黎

3　參見彭士望《翠微峰易堂記》，轉引自《寧都縣誌》第五編，1986 年版，第 462-465 頁。

4　參見彭士望《翠微峰易堂記》，轉引自《寧都縣誌》第五編，第 462-465 頁。

川）神童峰會講。其間王聖瑞對陽明之學提出尖銳批評，文洊與他爭辯多日，反為其所動。於是研讀羅欽順《困知記》，始一意程朱之學。入清後，建學舍於城西之程山，名其堂曰「尊洛」。著《大學中庸切己錄》，發明張子主敬之旨。認為為學之本，盡在「畏天命」一言，學者當以此為心法。所著有《謝程山集》、《初學先言》、《大臣法則》和《左傳濟世錄》等。

謝文洊講學程山時，同縣的封浚、曾曰都、甘京、危龍光、湯其仁、黃熙參與其間，後來都折節稱弟子，時號「程山六君子。」

封浚，字禹成，南豐人，舉人。以授徒為業，門下學生一百多人。四十歲時，始師事程山先生。「六君子」中禹成年最長，僅少程山先生五歲，但執禮恂恂如未成人。[5]甘京，字檿齋，南豐人。負氣慷慨，一試諸生隨即棄去。期有濟於世，講求有用之學。黃熙，字維緝，順治十五年（1658年）進士。少程山先生六歲，也持弟子禮甚恭。曾曰都，字美公，諸生。其學務實體諸己，因自號體齋。四十歲時始餼庠序，又隨即放棄。家境貧困，以賣豆腐為生。然而孝友於家，廉於財，不苟且於言行，其學行為鄉里所矜式。危龍光，字二為。善事繼母，即使繼母無理，仍委曲承順。湯其仁，字長人。著《四書切問》、《省克堂集》。魏禧對後五者為人的評介是：「美公毅而介，長人和而有守，檿

493

5　參見魏禧《封禹成五十壽序》，《魏叔子文集・外篇》卷十一，第5-6頁。

齋、二為坦中而好義，維緝虛己而摯。」[6]

「髻山七隱」指的是隱居在星子縣髻山的宋之盛、吳一聖、查世球、余晫、查轍、夏偉、周祥發七人。他們都以名節著稱，亦稱「髻山七子」。

宋之盛，字未有，星子人，明崇禎十二年（1639年）舉人。少孤，事兩兄如父。國變後，更名宋佚，又名惕，字未知，世稱白石先生。曾派門人遍履江西蒐集忠節事例，編輯成書。[7]潛心程朱理學，力闢佛教。所著有《求仁篇》等。逝後門人私謚曰「文貞」。查轍，字小蘇，星子人。知識淵博，通天文、律歷、勾股，尤精醫術，全活甚眾。嘗制大衍丸諸方，效果很好，為世人所稱道。明亡，棄諸生，與宋之盛講學髻山，年九十而終。余晫，字卓人，星子人。入清後，隨宋之盛隱居髻山。曾為家族建祠堂，選拔族中聰慧子弟讀書習禮其間。處事公平，德望很高。族中每有爭訟，都尤其調解而不訴諸官府。查世球，字天球，星子人。倜儻好學，弱冠以七藝游泮，為名諸生。與都昌兵部侍郎余應桂、星子吳江友善，嘗破產募勇士，圖謀匡復明室。失敗後遭擒，不屈就戮；[8]吳一聖，隱居四十年。後應南康知府廖文英之聘，出任白鹿洞書院洞主；[9]夏偉、周祥發無考。

6　魏禧：《贈程山五君子五十序》，《魏叔子文集 · 外篇》卷十一，第80-82頁。

7　參見魏禮《同易堂與未有書》，《魏季子文集》卷八，第9-10頁。

8　以上四人參見同治十年《星子縣誌》卷十，第3-4、46、47、26頁，清同治十年刊本。

9　參見光緒《江西通志》卷二六四，第24頁。

同為清初之遺民群體，「三山」諸子之間的關係相當密切，彼此間時有走動。如彭士望在順治十七年（1660 年）前往髻山，交宋之盛等「七隱」，居髻山數月；[10]魏禧和「程山六君子」情若兄弟。康熙九年（1670 年）四月，他從新城（今黎川）到程山，和封浚「襪被同止，促席而談者五日夜」[11]；康熙十六年，程山甘京攜子甘表前往翠微峰和易堂諸子相聚數日，最後還讓甘表投入邱維屏門下。[12]

　　「三山」諸子還經常以詩文和同道互通聲息，相互探討思想學術，並且彼此勸誡砥礪。如魏禧自身在氣節方面始終保持清醒，對同道也要求甚嚴，曾寫信批評方以智「接納不得不廣，干謁不得不與，辭受不得不寬，形跡所居，志氣漸移」[13]。客居南州時，友人杜公履介紹富平李天生文武雙全且虛心好士，他隨即作書表達自己的仰慕之情，並介紹自己的生活狀況、經世主張，及易堂、程山諸友的基本情況，並隨書寄上自己和友人文章數篇。[14]

　　以隱居山林這種消極方式試圖阻斷與新朝的聯繫，這是在清

10　參見彭士望《與宋未有書》，《恥躬堂文抄》卷二，第 4-5 頁，清咸豐元年刊本。

11　魏禧：《封禹成五十壽序》，《魏叔子文集・外篇》卷十一，第 5-6 頁。

12　參見邱維屏《甘棣齋婦趙氏墓碑銘》，《邱邦士文集》卷十四，清道光十七年刊本。

13　魏禧：《與木大師書》，《魏叔子文集・外篇》卷五，第 54-55 頁。

14　參見魏禧《與富平李天生書》，《魏叔子文集・外篇》卷五，第 38-39頁。

初的社會歷史條件下明遺民通常採用的積極抵抗方式。「三山」諸子也是如此。在長期的隱居生活中，外界人事滄桑，風雲變幻，但他們沒有隨世浮沉，而是不改初衷。如宋之盛隱居髻山，足不入城市，以講學為己任；程山黃熙考中進士後，仍然蕭然若布衣人，自終養至乞病，未擔任過任何官職；魏禧走出了翠微峰，但他強調「居山須煉得出門人情，出門須留得還山面目」[15]，在社會交往中保持著高度的警惕，康熙十七年冒險辭避博學宏詞科使他完成了完美人格的塑造。「三山」諸子在志節和人格方面的努力著實令人欽佩。

二　「三山」諸子的社會活動

　　「三山」諸子雖然大都隱居避世，但是並非與世隔絕、不問世事。相反，他們的社會生活極為豐富而複雜。

　　為結交同道中的高士奇才，並且開闊視野、增長見識，諸子常四出遊歷。在這方面，「易堂九子」較為突出。

　　魏禧曾先後四次出遊江浙一帶。第一次出遊從康熙元年（1662 年）夏到康熙二年冬，歷時一年多，歷經樟樹、廬山、揚州、高郵、南京等地。第二次出遊始於康熙九年夏。這次出遊他取道南豐，經新城(今黎川)、程山，九月至西陵參加登高之會。十年、十一年先後遊揚州、常州、蘇州、常熟一帶，十二年夏返回翠微峰，在外三年整。第三次出遊時「三藩之亂」正酣，魏禧

15　魏禧：《答陳元孝》，《魏叔子文集・外篇》卷七，第 45-47 頁。

不顧多病體衰，由廬陵動身，順江而下，十月抵蘇州。十二月，他在無錫獲知魏際瑞凶信，匆匆上路，於次年春抵家。第四次出遊始於康熙十九年，這時魏禧已經百病纏身，長期在瑞金、泰和等地就醫。夏四月，病情稍見好轉，即順江赴江蘇，八月再到南京，後回蘇州桃花塢。是年十一月，他仍強力支持，離桃花塢前往無錫，至儀征時溘然長逝。在遊歷過程中，魏禧結交了很多同志。如第一次出遊時，魏禧聞汪渢大名，專程前往拜訪。然汪渢閉門不納，魏禧作文以大義相責。汪渢得書後，主動到他所在旅店相見。二人志同道合，遂為兄弟交。[16]在第二次出遊期間，魏禧的交遊更為廣闊。康熙九年秋九月和隱士李潛夫論交。康熙十一年夏六月至吳門，交高士歸元恭。該年中秋，魏禧參加虎丘聚會。與會者有廣陵宗子發、雲間張帶三等。

魏禮十七歲棄諸生服，隨父兄隱居翠微峰。隱居期間，由於易堂諸友的濡染和自身的刻苦，學識突飛猛進。然而，侷限於翠微峰這一狹小的天地中，他「恆鬱鬱不得志，氣奮發無所施」[17]，遂於三十歲時開始漫遊。和魏禧專注於江浙不同，魏禮的足跡幾遍天下。在遊歷過程中，魏禮渡海登山，窮極幽邃，頗有幾分冒險色彩。更為重要的是，他所至必交當地賢豪，尋訪窮

16 參見魏禧《與杭州汪魏美書·自記》，《魏叔子文集·外篇》卷六，第43頁。
17 彭士望：《魏和公南海西秦詩敘》，《樹廬文鈔》卷六，第31-36頁，清道光四年刊本。

岩遺逸之士。[18]如南遊時，他和廣東「北田五子」（陳元孝、陶苦子、梁器圃、何左、王不偕）結交。在他的聯絡下，「北田五子」成為「易堂九子」的好友。

除了林時益因體弱多病交遊較少外，易堂其他諸子也曾先後出遊。如曾燦長期遠遊，最後客死北京；彭士望也曾漫遊吳越，並堅決拒絕了官府的招攬。

「三山」諸子對關係地方的安全穩定和民生利弊的公共事務也相當關心。「程山六君子」中，封浚性耐繁劇，終日為人解紛難，有理有據，井井有條。魏禧嘗稱讚他應當成為一個好官；[19]甘京平時不願拋頭露面，但對於均平差役、剿除劇賊之類的事情卻非常認真。[20]

「易堂九子」在這一方面也很熱心。順治六年（1649 年），邑人彭賀伯率眾反清。第二年春，清軍破城後進行了慘無人道的大屠殺。事後，魏際瑞奉父命冒著生命危險前往清營救人。[21]在戰事稍息之際，魏禧一友人倡言拆新城築文峰塔，以改善寧都縣城風水。對這一荒謬舉動，魏禧寫信表示強烈的反對。迫於魏禧的聲望，友人最終妥協，拆城修塔之議胎死腹中。[22]康熙十八年

18　參見魏禧《季弟五十述》，《魏叔子文集・外篇》卷十一，第 72-77 頁。

19　參見魏禧《封禹成五十壽序》，《魏叔子文集・外篇》卷十一，第 5-6 頁。

20　參見魏禧《贈程山五君子五十序》，《魏叔子文集・外篇》卷十一，第 80-82 頁。

21　參見楊文彩《魏徵君傳》，《寧都三魏全集》集首。

22　參見魏禧《與友人》，《魏叔子文集・外篇》卷七，第 24-25 頁。

（1679 年），知縣王世璽鑒於寧都長期持續動亂，企圖以嚴刑重罰穩定社會秩序。對此，魏禮毅然上書，論說此舉之不是，最終使王收回成命。[23]

「三山」諸子雖為前朝遺民，但他們和新朝官員仍有一些交往。如康熙十二年，前南豐縣令金釐求見，謝文洊幾經推辭，最終在程山以「墨綫」接見。[24]魏禧在遊歷過程中和當道也有來往，但在自身道德人格方面自始至終把持甚嚴。如康熙十一年七月遊浙江時，巡撫范承謨多次相請，但他不為所動。後來范使魏際瑞以疾病相召，才前往一見。[25]魏禮在這方面更為灑脫，他不僅和同道相交，對新朝官員的主動接納也不推辭。三藩之亂時，贛州的文武大員都很看重魏禮，常到他的寓所與其商討大事。[26]然而，魏禮終生不應試，不出仕，堅守住了節義的底線。

因時勢所迫，或為一展所學，「三山」諸子中的一些人最終走出了隱居的山野，游幕於新朝官員帳下。其中，魏際瑞的影響最大。

際瑞性敏強記，於兵、禮、制、律皆有心得，遇繁難之事剖決如流，在易堂諸子中才幹最為突出。順治四年（1647 年）清

23　參見魏禮《與王邑宰書》、《與王邑宰書‧附識》，《魏季子文集》卷八，第 59-60 頁。

24　參見謝鳴謙《程山謝明學先生年譜》，《四庫全書存目叢書》集 209，齊魯書社 1997 年版，第 356-358 頁。

25　參見魏禧《東房奏對大意跋》，《魏叔子文集‧外篇》卷十二，第 22 頁。

26　參見魏禧《季弟五十述》，《魏叔子文集‧外篇》卷十一，第 72-77 頁。

朝新縣令至，魏氏三兄弟面臨艱難抉擇。父親魏兆鳳詢問他們的志向，禧、禮不假思索，斷然表示歸隱；而伯子猶豫再三，拊心長嘆。為家庭家族和地方百姓，他毅然走上了入世的道路。順治七年寧都城破後，魏際瑞在與清軍的交涉過程中為贛州府左營游擊劉伯祿所賞識，被其聘入帳下，從此開始了漫長的游幕生涯。在前後十餘年中，魏際瑞先後游幕於潮州總兵劉伯祿、陝西總督白如梅、浙江巡撫范承謨、平南王尚之信、南贛總兵哲爾肯等處，足跡南及兩廣，北抵直魯，東至江浙，西達陝甘。游幕期間，他銘記「救災恤患」的父訓，以拯救地方生民為己任，急公好義，辦事得力，為幕主和各地民眾所稱道。如順治十年，魏際瑞竭力從中斡旋，使潮州生民免遭屠戮。[27] 在浙江巡撫范承謨帳下時，不僅輔佐范賑饑濟荒，活災民甚眾，而且代他起草了大量告諭、公移、奏疏、書信。這些文告明切強厲、說理透闢，對於整肅吏治、革除俗弊起了很大的作用，也反映了他對清初政治的真知灼見。[28]

作為遺民群體中的一員，魏際瑞在游幕過程中的心態極為複雜。一方面，由於易堂實學思想的濡染，魏際瑞將游幕視為增益見識、實現經世理想、發揮經世才幹的好機會。對此，他寫道：

27　參見魏禧《先伯兄墓誌銘》，《魏叔子文集・外篇》卷十八，第107-111頁。

28　參見魏際瑞《四此堂稿》，清康熙十四年刊本。

蓋事務雖煩，惟厭者覺其煩；行役雖勞，惟苦者覺其勞。不厭不苦則有道焉。吾既有賢主人，而日供我以粱肉，衣我以繒帛，我乃自究夫興革損益經世之務，知刑名錢穀之政，寄平日好善惡惡、利物濟民之心，聞朝廷四方之故。及其巡歷，則又資舟車，具干餱，而我乃悉覽名山大川、城郭都市、土俗民情，不費一物，所得已多。則豈惟不厭，且喜甚；豈惟不苦，且甚樂。喜而樂，故吾心盡，而與主人相得而益彰。是人我交成，身世並涉，平日之學術亦有所征也。[29]

由引文可知，他人以游幕為苦為煩，魏際瑞卻喜之樂之。究其原因，全在「經世」二字。觀其一生，轟轟烈烈，或救民於水火之中，或為地方置自身安危於度外，足見其經世用心之良苦。

另一方面，魏際瑞有非同一般的經世才幹，懷悲天憫人之心，卻只能勞形於案牘以餬口，顯然非其所願。對此，其友人陳玉　感受頗深。他指出：「以善伯之才，得時見用，當與賈長沙、王景略之徒後先揖讓，徒以草茅葦布士為當世名公卿相行重，豈善伯所樂道事者乎？」[30]確實，游幕縱有千般好處，就魏際瑞而言，也只能是駿馬套車的遭遇。其內心的痛楚在《悲鶴》一詩中表露無遺。該詩描述了原本仙風道骨的白鶴為了粒米之

29　魏際瑞：《家書》，《魏伯子文集》卷二，第34頁，《寧都三魏全集》，清道光二十五年刊本。
30　陳玉　：《魏伯子文集・序一》，《魏伯子文集》集首。

需、塊魚之享而向人長鳴乞憐，落得與雁鶩、鷹鸇、群雞、牛皁為伍，且受小兒、鳥雀欺侮的遭遇，表達了他寄人籬下、受人豢養的悲憤之情。[31]

此外，作為前朝士人，魏際瑞在游幕過程中失節的陰影始終揮之不去。在北京參加「北雍試」時，他寫了《北京浴室》這首詩，其內容為：

潔身徒自愧清時，深熱而今莫避之。彼此裸裎焉浼我，鴻濛鳥獸想如斯。石鯨已變昆明水，鴻鵠遙分太液池。寄語相皮孫伯樂，燕台駿骨久泥淄。[32]

在這裡，失節的愧疚、時勢變遷的自我安慰、得遇知己的希冀交織在一起，這就是魏際瑞游幕心態的真實寫照。

除了自己內心的煎熬，魏際瑞還必須面對同道的苛責。從順治朝到康熙朝初期，士人遊幕漸成風氣。雖不同於出仕直接和新朝合作，但游幕者仍然顧忌頗多，且備受同道責難。如彭士望就認為魏際瑞游幕有沽名釣譽之嫌，為此對其提出過尖銳批評，甚至對其子魏世傑說：「名者，造物之所忌，今尊家肆取之，遂極一時之盛，然已似朱紅，燦爛更無可加，惟待毀耳。」[33]不過，

31　參見魏際瑞《悲鶴》，《魏伯子文集》卷八，第 35 頁。
32　魏際瑞：《北京浴室》，《魏伯子文集》卷八，第 2 頁。
33　彭士望：《魏興士手簡》，《樹廬文鈔》卷四，第 29-30 頁。

對於好友的指責，魏際瑞受之坦然。他說：「名者，行之賞也，事之勸也，趨向之的，而實務之券也。……故夫好名者有恥，有恥者無惡。三代以下，惟恐不好名焉。名非徒好，好夫所以為名者而已矣！」[34]在他看來，名對人有一定的激勵和規範作用，所以好名並不是件壞事。

以經天緯地之才實現自己的安邦定國之志，是士人們的最高追求，也是他們最大的社會責任。由上文我們看到，「三山」諸子在當時的社會政治環境裡並沒有忘記這一社會責任。他們熱心地方事務、游幕當道、四處遊歷，與當時盛行的實學之風完全吻合，事實上也有關心民瘼和穩定地方社會的意義。然而，個人道德追求的不同使他們承擔這一社會責任的方式及心態有很大的差異。如魏際瑞為救民於水火而同當道合作，但在游幕過程中「失節」的憂懼始終揮之不去；魏禮為民生利弊並不迴避與當道的交涉，為生活甚至不拒絕官宦的餽贈，但他守住了「不應試」、「不出仕」的底線。道德追求和社會責任對清初江西遺民的影響，由此可見一斑。

三　「三山」學派的學術思想

清初，由於明朝敗亡和滿清入主，民族矛盾非常尖銳；隨著社會生產中的一些新因素的發展，市民階層和佃農階層的反抗鬥爭也十分激烈。在這種歷史背景下，深刻反思明亡的教訓並提出

自己的政治見解，且針對各種社會弊病探索濟世救民的方案，幾乎是有識遺民的必修之課。「三山」諸子也不例外。不過，對於解決當時社會問題的途徑或方式，他們卻有完全不同的設計。概而言之，「易堂九子」強調經世致用，希望以經世正人心；謝文洊則提倡中興理學，試圖以正人心而經世；「髻山六子」中的宋之盛注意到了兩家的差異和互補性，認為二者均不可偏廢，但他強調「究之人心是本，有體然後用有所根」[35]，因而在思想上傾向於謝文洊。

「易堂九子」實學思想是以對道學的批判為前提的。彭士望在《明儒言行錄》一文中說：「顧每惜道學於義不精，滯於理，往往無識，不能通萬物之情，遂以誤天下而歸之於無用。」[36]魏禧對於道學也非常不滿，他指出：

> 然世儒之談道學，其偽者不足道。正人君子，往往迂疏、狹隘、弛緩，試於事百無一用。即或立風節，輕生死，皎然為世名臣。一當變事，則束手垂頭，不能稍有所濟。於是天下才智之士率以道學為笑。道學不明而人心邪，人心邪而風俗政事乖，法度亂，紀綱失，而國家亡矣。[37]

---

35 宋之盛：《丁未與魏冰叔書·書後》，《謝程山集》卷十，第30-34頁，《四庫全書存目叢書》集209，第184-186頁。

36 彭士望：《〈明儒言行錄〉敘》，《恥躬堂文抄》卷5，第11-14頁。

37 魏禧：《明右副都御使忠襄蔡公傳》，《魏叔子文集·外篇》卷十七，第41頁。

針對道學的「迂疏」、「狹隘」和「弛緩」，「易堂九子」提出以「實學」、「實用」為藥餌治之。如彭士望在《與宋未有書》一文中認為，要救「民生之酷烈飢寒，氣運之傾危陷溺」，必須「核名實，黜浮偽，專事功，省議論，畢力於有用之實學」[38]。魏禧也明確表示：「文章經世之務，吾皆願與砥礪，歸於實用。」[39]

　　那麼怎樣才能經世致用呢？他們認為，首先，在讀書時就應以適用為目的。魏禧指出，「讀書所以明理也，明理所以適用也」，如果「讀書不足經世」，那麼「雖外極博綜，內析秋毫，與未嘗讀書同」[40]。其次，著文也應以「有用」為歸。魏禧認為，文章必須關注國計民生，有益於天下，否則，「士不適用者，文雖切實浮」[41]。對此，魏禮也有同感。他認為對於「有用於世」之題，則苦心經營，務求其工，而於時於世毫無裨益之文，則不如擁被高臥。[42]最後，還要隨時隨地留意一切有用之學，並將所學用之於社會實踐。除在文學方面有很深的造詣外，「易堂九子」對政治、教育、軍事、歷史、地理等多方面的知識均有涉獵，有的還頗有見地。康熙四年（1665 年），魏際瑞在試策中明確指出清朝君王應重文治，平等對待滿漢官員，並且把商

38　彭士望：《與宋未有書》，《恥躬堂文抄》卷二，第 4-5 頁。
39　魏禧：《告李作謀墓文》，《魏叔子文集・外篇》卷十四，第 3-4 頁。
40　魏禧：《左傳經世敘》，《魏叔子文集・外篇》卷八，第 8-9 頁。
41　魏禧：《上某撫君書》，《魏叔子文集・外篇》卷五，第 46-48 頁。
42　參見魏禮《答陳元孝》，《魏季子文集》卷九，第 6-7 頁。

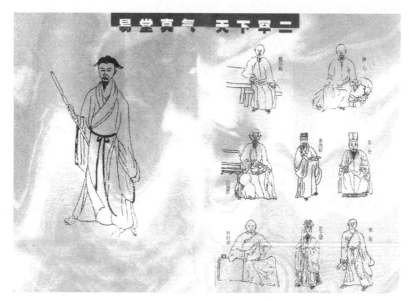

・易堂九子（選自《易堂九子散文選注》卷首附圖）

業和農業置於同等重要的地位。[43]伯子這幾條建議正切中時弊，在當時的政治環境下，發表這樣的政治言論是需要極大的勇氣的。魏禧對經世之學更為重視。隱居翠微峰期間，他於順治六年（1649 年）編定《救荒策》，順治七年寫成《限田》、《閹患》、《制科》三策，針對時弊提出自己的見解。他對軍事也很重視。在研究《左傳》後，他著有《兵法》、《兵謀》各一卷，分別總結了二十二兵法、三十二兵謀，所論在軍事上有一定的價值。

謝文洊以復興程朱理學為己任，認為王門左派何心隱、羅汝

43　參見魏際瑞《時務對》，《魏伯子文集》卷六，第 1-4 頁。

芳之說眩蕩，羅洪先苦心挽救而力弗逮，儼然為江右理學正宗。其學大抵以畏天命為宗，以誠為本，以識仁為體，以切己為的，以主敬為功，以易為至精，以力行為急，以濟世為用；至於儒禪辨析，必去其根。[44]宋之盛之學以明道為宗，識仁為要，工夫專在涵養本源。謝文洊認為他「論識仁一段話，體認細微貼切，真得程子血脈」[45]。

由於彼此間學術思想分歧很大，「三山」諸子間發生了較為激烈的論爭。論爭雙方主要是「易堂」和「程山」。宋之盛的思想偏向謝文洊，但他的理論體系不如謝完備，所以和「易堂」諸子學術上的直接交鋒比較少。

康熙四年（1665 年）四月，「三山」在程山舉行了規模盛大的會講。宋之盛比魏禧早到，先就「程子識仁」、「儒禪差別」和「程朱學脈」等問題和謝文洊進行了探討。七日後，魏禧從新城走百二十里赴會。這次會講圍繞宗旨、學修、辨異、疑古、窮經和經世六個主題展開，歷經數日。會講中，參與各方質疑問難、唇槍舌劍，氣氛熱烈又不失友好。如會講首日，謝文洊安排宋之盛主講，宋再三謙讓。謝文洊以「識仁」為問，宋之盛才開始闡發。[46]在論及「仁無空闕處」時，宋之盛拍坐椅故意設問：

44 參見喬光烈《南豐謝程山先生傳》，《謝程山全書》卷首。

45 謝鳴謙：《程山謝明學先生年譜》，《四庫全書存目叢書》集 209，第 357 頁。

46 參見謝鳴謙《程山謝明學先生年譜》，《四庫全書存目叢書》集 209，第 357-358 頁。

「椅子還有仁否？」謝文洊答曰：「人利其坐，椅不自私，非仁而何？推之糞土皆然。」[47]魏禧認為會講不必闡發性命精微，應當注重實學。他指出：「與學者說，不必便說到性命精微，但當就日用行為說為是。如孔子對門人，在在平實，至宋儒便闡發過精微矣。」謝文洊表示反對，他說：「此固是，但時至今日，人心盡發洩，亦混涵不得。即如子思作《中庸》，亦是慮及後世異端之學最眩惑人，故不惜剖破。孟子之時，有一告子，又焉得不與之明辨？」[48]除以上六個主題外，在會講過程中，宋之盛還解答了湯慈璜有關律呂和星次的疑問，並與南豐甘京討論屍祭喪禮，魏禧對此極為讚賞。這次會講儘管未解決分歧，但參與者都很滿意。魏禧將其比做鵝湖之會，宋之盛則感慨地說：「不到程山，幾乎枉過一生矣。」[49]

除了會講之外，「三山」諸子間還經常以書信互相辯駁、規諫。彭士望在與程山甘京的書信中，毫不客氣地指出，「前日王門，今日程門，此日鵝湖，往年致知，中年主敬，近年畏天，俱是名目」，只不過是「借徑為古人爭閒氣，立途轍，起爭端」而已，毫無實際意義。[50]魏禧也認為謝文洊之學「以調養心氣為

47　宋惕：《程山問答》，《謝程山集》附錄二，《四庫全書存目叢書》集 209，第 329-330 頁。

48　謝鳴謙：《程山謝明學先生年譜》，《四庫全書存目叢書》集 209，第 357-358 頁。

49　謝鳴謙：《程山謝明學先生年譜》，《四庫全書存目叢書》集 209，第 356-358 頁。

50　參見彭士望《與甘棨齋書》，《恥躬堂文抄》卷一，第 13-16 頁。

主」，但不能僅停留在這一層面上，「而須以平心察禮，小心耐事，夾輔成之也」[51]。謝文洊對彭士望的主靜說亦持批判態度。他指出「若只從靜入，便只是氣定。恐靜處則有，動處便無矣」[52]，認為必須以「敬」為本，「且養靜一法，未免厭事，為貪光景，不如用敬，為動靜兩得也」[53]。對於魏禧「所病者無卓越之見，揮霍之力，因守理稱情，不欲踰越尺寸，而遂習以成性」的說辭，他也提出反對意見。他說：

　　果能守稱情，不逾尺寸，持之久久，天理爛熟，浩氣自生。則所謂卓越之見，揮霍之力，人驚以為奇才，在自己份上，只當尋常日用而已。若舍此而欲務卓越之見、揮霍之力，則便恐踰閒蕩檢，失卻儒者規模。[54]

　　「三山」諸子間質疑問難、互相批評，都是在友好氣氛中進行的，並無黨同伐異之弊。因此儘管論爭相當激烈，甚至有時用詞比較尖銳，彼此間的良好關係並未因此受到影響。而且，他們在論爭中也並非完全固執己見，在堅持自己的基本觀點的前提

51　魏禧：《與謝約齋》，《魏叔子文集·外篇》卷七，第 16-17 頁。
52　謝文洊：《日錄二》，《謝程山集》卷二，第 6 頁，《四庫全書存目叢書》集 209，第 38 頁。
53　謝文洊：《答易堂彭躬庵》，《謝程山集》卷十二，第 12 頁，《四庫全書存目叢書》集 209，第 215 頁。
54　謝文洊：《日錄一》，《謝程山集》卷一，第 27 頁，《四庫全書存目叢書》集 209，第 26 頁。

下，也能虛心接受對方的意見，取他人之長補自己之短。如謝文洊之學的目的是為了喚醒士人對傳統儒學的認同和回歸，但他對改造儒學進而改造社會並沒有提出切實可行的方案，所以易堂諸子「或規其迂闊不達事情」。對此，謝文洊「輒改容受之，往復議論，得其指歸而後已」[55]。魏禧認為謝文洊「造就人才，寧重體而用不違，毋重用而體或略」是「至當之論」[56]；謝文洊也承認魏禧「然涵養甄陶中，亦當有作略」[57]的批評切中他的要害。

「三山」諸子雖為布衣，但並不獨善其身，而是孜孜以求挽救世道人心的道路，且所論都有獨到之處，這充分表現了他們勇於探究的進取精神和以天下為己任的博大情懷。更可貴的是，「三山」諸子不僅在思想學術層面上對濟世救民的方案進行了深入探討，還能身體力行，努力將之付諸實踐。如謝文洊為闡揚程朱理學苦心孤詣，在日常生活中也能以儒家的行為規範嚴格要求自己，表現出大儒的氣象。前文敘述的「寧都三魏」的經世活動則將他們的實學思想落到了實處。在清初的社會歷史條件下，將自身定位為前朝遺民的「三山」諸子能如此行事，實在是極為不易的。

55　陳道：《謝程山集·陳序》，《謝程山集》卷首，第 10 頁，《四庫全書存目叢書》集 209，第 7 頁。

56　魏禧：《復謝約齋書》，《魏叔子文集·外篇》卷五，第 27-29 頁。

57　謝文洊：《日錄二》，《謝程山集》卷二，第 2 頁，《四庫全書存目叢書》集 209，第 36 頁。

四　江西其他地區的明遺民活動

在省城南昌及其周邊的新建、南昌等縣，有陳弘緒、徐世溥等人為明遺民的代表。

陳弘緒字士業，號石莊，新建縣人，明萬曆二十五年（1597年）至清康熙四年（1665年）在世。其父陳道亨為明萬曆十四年進士，官至南京兵部尚書，因得罪魏忠賢而去職，卒贈太子少保，諡「清襄」。陳弘緒為晚明官宦子弟，得家學所傳，集書萬卷。生性警敏，博聞強記，長於文辭。少小即補諸生，與南昌人萬時華、項承爵、龔尚升，萬元吉、李潁、徐世溥等人為密友，都是少年才俊，地方名士。崇禎年間朝廷特徵處士賢良，弘緒經江西巡撫推薦前往應徵，然而未得召見，授晉州知州。明末兵寇交加，陳弘緒想方設法修繕城池，儲集糧草，曾率城中軍民抗擊圍攻七晝夜，晉州城得以保全。後來卻因抗拒明朝官軍入城搶奪民居，被劾入獄。晉州民眾數百人前往北京哭訴其保城之功，陳弘緒方得釋放，貶任湖州經歷，其間曾代理長興、孝豐二縣知縣事。服官清慎，薪俸常常用於購買整車的書籍。明亡後，痛哭多日，由此絕意仕進，屢薦不起。有官員來訪，遂指陳古今利病，以經術自任。為母守孝期間，撰輯《南宋遺賢錄》以寄託心志。順治十年開始，於南昌章江邊建成一樓，並作《江城懷古詩》六十首，抒發亡國之思，讀者多為之下淚。刊行的著作有《石莊集》、《恆山存稿》、《寒崖集》、《鴻枏編》等。另撰《周易備考》、《詩經群義》、《尚書廣錄》、《山房讀書跋》、《江城名蹟記》、《峿齋詩》、《荷鋤雜誌》等書藏於家。《四庫全書》史部「地理類」全文收錄《江城名蹟記》二卷，《提要》稱「弘緒文

章淹雅，在明末號能復古。故作是書，敘次頗有條理，考證亦多精確」。《四庫全書》集部「別集類」存目還著錄《陳士業全集》十六卷。

此外更值得提到的，還有康熙二年（1663年）陳弘緒應聘主纂《南昌郡乘》之舉。總計五十五卷的《南昌郡乘》雖然不被列入弘緒的個人著述，但通讀全書，可知實際出自其手筆。在卷首，他題寫自己的身分是「前奉直大夫題編國史郡人陳弘緒」，此外沒有其他的作者題名，且無作者序言，無凡例，大道無形；志書名稱也由《府志》改為《郡乘》，借用的是宋明以來私修志書的常見名稱，突出的正是個人色彩。應聘時陳弘緒已六十六歲，隨處可見其追思故國的複雜心緒，亂世之後存史的強烈願望，更可在明代人物傳中明顯地看出來。陳弘緒把明代南昌府人物傳分為上、中、下三卷，其中下卷收錄「泰昌至崇禎朝」人物共三十八人。其中有晚明父子相承的仕宦十一人，包括在贛州守城死難的萬元吉之父萬一之，晚明刑部尚書傅炯之孫傅冠。特別耐人尋味的是對傅冠的記載：傅於天啟壬戌（二年，1622年）第一甲第二名中式，崇禎九年（1636年）「特拜禮部尚書，文淵閣大學士……中外倚之。丁丑（1637年）冬，予告賜路費，馳驛歸里，悠遊林壑五六載。自草《寄叟傳》，以敘生平。尋殉難於閩，有《寶綸樓集》行世」。所謂「尋殉難於閩」，即隱喻傅冠後來在南明隆武朝為臣並且以身死難。同樣的隱喻手法，在對南昌人劉曰梧的敘述中也可找見：曰梧為萬曆丙戌進士，天啟年間「方引疾歸，聞開原、鐵嶺相繼陷沒，尚搜刮萬金以助版築，其不忘社稷如此」。一段江西官紳資助山海關外抗擊清軍鐵騎的

史事，由此折射出來。另外，陳還記載了明宗室子弟朱謀瑋、朱謀觀、朱同堨等三人。其中尤對朱謀瑋讚譽極高：「寧獻王之後，封鎮國中尉。……生而天資穎異，目所瀏覽，終身不忘。大之九經傳注，諸史異同；次之星緯曆數，農圃醫卜，與夫壬遁太乙，河洛軌策諸學，皆窮極微妙。」朱謀瑋一生著作極多，時人「曲指江右人物，輒首及之。子統，崇禎丁丑進士，詩淡遠高古，稿毀於兵，不傳」。明宗室子弟的文化傳承和造詣之高，及其在易代戰亂中遭受的打擊和斷裂，由此可見一斑。

而最顯陳弘緒「私修」風格的一點，是他在明代人物傳末尾，竟然設置「附家乘」一節，全文附錄了錢士升所撰《南京參贊機務兵部尚書陳公傳》，即弘緒之父陳道亨的傳記。其中提到：

　　……天啟五年正月引疾致仕，戊辰以疾終於家。撫按訃於朝，贈太子少保，賜謚清襄，予祭葬如例。道亨為人方正介潔，而復和易近人。居官所至，以廉卓稱。終身守難進易退之節，於名位泊如也，自為憲長至正卿十五年不攜家，官署冷如僧舍。卒之日，家計蕭然，至不能備斂。時江右有「三清」之稱，一為鄧文潔以贊，一為衷簡肅貞吉，其一則道亨也。或又稱「江右三陳」，則道亨與高安之陳邦瞻、浮梁之陳大綬為三鼎足也。

這樣引錄，一個正直清廉的晚明江西官宦形象得以樹立起來，也解決了本人不能為至親撰寫傳記的難題，以免「私諛」之譏。但更重要的是，陳弘緒由此保留了前明的價值評判標準，而

且他希望這些資料可以被後人記住並載入史冊。此番用心，在他文末署稱「不肖男弘緒謹識」的按語中有明確表達：

先大夫立朝暨居鄉大節，載在蘭台金匱之書，播於父老子弟之口，既已炳若日星。此外則朱平涵相國有碑，姚現聞詹翰有諡議，魏瑤海中丞、范主坡代巡有請恤諸疏。累牘所不能盡，僅錄此篇，附於郡志。庶幾秉如椽者，他日得以采焉。

家世國史，於此匯為一體。雖說不盡之意留待後人，但其有生之日即獲立言機遇，仍當不朽。另外還不難看出：陳弘緒在此《郡乘》中，對清初江西官府採取的一些惠民措施也有實實在在的讚揚，[58]而不可簡單理解為不得已而為之。此中反映出陳弘緒在痛定思痛之際，對實現經世致用理念的一種追求，也對其不出仕但願意參修地方誌的舉動，給出一個符合其心路歷程和行事邏輯的解答。在這個意義上說，南昌陳弘緒和比他年輕十三歲並聞名天下的浙江大儒黃宗羲之間，其精神的寄託，其積極存史的舉措等，皆可謂一脈相承。《南昌郡乘》修成後兩年，陳弘緒即去世，故此《郡乘》幾成其絕筆之作，形同遺言。而事涉改朝換代的一批晚明人物傳記和地方社會變遷史料，賴以保存和流傳，彌足珍貴。

---

58 詳見本書第一章第二節之三「順康之際江西官府舒緩民困的主要舉措」的相關敘述。

徐世溥，字巨源，也是新建縣人，明萬曆三十六年至清順治九年（1652 年）在世。父親徐良彥為明萬曆二十六年（1598 年）進士，崇禎朝官至南京工部侍郎，陳弘緒在《南昌郡乘》中即為其作傳。世溥十六歲補諸生，博學能文。當時的江西文壇領袖、東鄉才子艾南英聞其名，約為兄弟。世溥還與錢謙益、姚希夢和南昌萬時華等人相交甚契。南贛巡撫潘曾紘得到王維儉所修《宋史》，專門囑託世溥加以修改。世溥才雄氣盛，晚明屢試不第，遂以著述自娛。入清後，山居不出，絕意仕進。順治九年地方官陳名夏修書持幣，派下屬親往徵辟，世溥堅拒不見。當晚，盜賊入室，索要官府帶來的錢財。世溥實言以告，盜賊不信，以火刑折磨世溥至死。比陳弘緒年輕十一歲的一代名流，四十多歲即死於非命，殊為悲慘，由此也反映出清初地方社會依然混亂不已。徐世溥著有《夏小正解》一卷、《韻聶》一卷、《榆墩集選文》九卷、《詩》二卷，分別被《四庫全書》經部「禮類存目」和「別集類存目」所著錄。而其記載明末清初江西兵亂和金聲桓、王得仁反清之事的私著《江變紀略》史料價值極高。《紀略》共兩卷，為文大氣，又因記載的史事自身充滿悲劇色彩而更顯蒼涼淒厲。對有些場面的紀實不乏戲劇式的反諷色彩，如其記載金、王反正之時，南昌城裡「時服色變易已久，倉猝求冠帶不能具，盡取之優伶箱中。一時官府皆紗帽皂靴，白楊、緋藍、元青盤領衫袍，鶴雁雉翟獅虎白澤補服，金銀犀玉各色花帶，素帶傘，飄簪轎，唱道威儀如他日。鄉民扶攜擁街巷，豔觀嘖嘖，惟視其翅間前後皆禿無鬢，以此征異」。世道驟變之時，那種粉墨登場、彈冠相慶而又其亂紛紛的可笑場景躍然紙上，聲形俱見。也正因為

徐世溥等一批明遺民看透了金聲桓等前明將領以叛始又以叛終的品行與人格，所以《紀略》中對隆武朝加封為「太子太保、吏部尚書兼兵部尚書、中極殿大學士」的姜曰廣一段評語，就透出他們特別的失望、悲涼和心情沉重：

> 人臣非甚頑薄，無不望其國中興者；顧知其可為而為之，與不知其不可為而為者，才與識異。要以武侯、文山之誠，兼汾陽、臨淮之福，盡瘁以事，生死置之度外，猶懼不濟。今輕俠不本正義，苟且趨功名，不顧以億萬僥倖，且冀後世可欺，謂如陸賈之調和將相，齊名平勃，欲格天得乎？古受降招叛者，皆垂成或半，而特借之以為全力，若漢高英布、周殷之事是也。今江右之難，以金叛始，亦以金叛終，彼無論。乃宿稱老成沉毅者，不思身不躡半壘一城，無尺寸以制人，死命不免；亦借游諸區區，欲仗掉舌之功，使畜頭人鳴，庶他方尤而效之，成其瓦解。卒之以叛易叛，於事無濟，而身名俱滅。雖事濟名遂，然後世猶不免以排閹之徒同類而稱之也，君子哀之！

也正因為《江變紀略》記載南明江西史事和清軍南昌屠城暴行十分詳細，所以該書到乾隆朝後即遭禁毀，後來只有手抄本流傳。在苦心存史方面，徐世溥和陳弘緒實為異曲同工，二人的確堪稱「隱於市」的「大隱」。

清初南昌人中，還有同為晚明官宦子弟的王猷定。猷定字於一，萬曆二十六年（1598 年）出生，其祖父王希烈為嘉靖八年（1529 年）進士，官禮部侍郎；父王時熙為萬曆二十九年（1601

年）進士，官至太僕寺卿，是東林黨中著名人物。猷定自幼聰穎，有家學淵源，聽父親與人講授陽明心學，即可隨手筆錄。身材魁偉，豁達豪爽，早年耽聲伎，好仙怪，有辯才，與侯方域、陳弘緒、徐世溥、歐陽斌元等人同以文名著稱於世。成年後一目十行，無所不讀，尤好兩漢八家之文，唯以古人為事，故而始終不得考中功名，只為拔貢生而已。其妻丁氏，亦博通六經，善文章，與猷定相互唱酬。丁氏去世後，猷定遷居揚州，正逢李自成占領北京，明朝覆亡，被史可法徵為記室參軍，並寫下迎立福王檄文。南明弘光朝時，猷定姻親袁繼咸總督江西湖廣應天諸軍務，上疏推薦猷定，猷定堅拒不出。南京被清軍攻陷後，人心沮喪，猷定更絕意仕進，終日以詩文和書法自娛。前後在揚州十餘年，與朋友飲宴，時而淚下。晚年號「軹石老人」。順治末移居杭州西湖僧舍，康熙四年（1665 年）病故。依賴友人出資，得以棺殮，後歸葬南昌。猷定為文雄健，尤以撰寫傳奇性散文為突出，在清初文壇獨闢蹊徑。《販書偶記》中著錄王猷定有《四照堂文集》五卷、《詩集》二卷於康熙二十三年刊行。另有《王於一遺稿》亦為康熙間刊本，內收傳、記、祭文等共三十篇。 史書將其與陳弘緒、徐世溥、歐陽斌元並稱為江西「均能獨開風氣之人」，事見《碑傳集》、《國朝先正事略》、《國朝耆獻類徵初編》等。

　　被後世史傳列入清初江西「隱逸」類的，還有新建人歐陽斌元（1606-1649 年）、永新人賀貽孫（1605-1688 年）、宜春縣人張自烈(1597-1673 年)等。歐陽斌元字憲萬，晚號「麗峰居士」，世居西山。家貧，幼奇慧，讀書一目十行，終身不忘，十三經等

著述俱可背誦無遺。晚明身為生員時，即大受江西學使的青睞，更為姜曰廣、楊廷麟等江西籍高官所推重，贊其奇才博學。斌元聰明過人，更好學不止，好友彭士望描寫他「每學一藝即下拜，師事稱弟子，必盡得其傳」，故而「生平師多於友」。他還曾經向來南昌的外國耶穌會士學習火銃和天文知識，測量日食和月食，為此還曾入教，為自己取了外文名字，並不理會旁人的譏諷。斌元讀書之處靠近西山萬壽宮，十分留意過往的奇人異士，只要有所發現，就以師禮待之，招待食宿，旬月不去。崇禎朝後期，斌元與樂平王綱、南昌彭士望二人成莫逆之交，深感國勢已去，大廈將傾，更加注意人才，講求實學，縱論古今，通宵達旦。清軍占領北京後，斌元被福王部下呂大器請到南京幕中，專門撰寫詔旨，曾起草馬士英二十四條罪狀，由此而得罪馬士英。呂大器失勢後，斌元恐怕馬士英加害，轉到揚州史可法幕中效力，甚受重用，並且將彭士望也招到揚州共事。史可法保薦斌元任推官，遭馬士英阻攔。不久斌元與彭士望一起回到南昌，隱居不出。幽憂病鬱，四十四歲即去世。在彭士望撰寫的墓誌中，記述斌元的藏書及遺稿散失殆盡，只餘《十交贊》一篇，事見《國朝耆獻類徵初編》「隱逸傳」。

賀貽孫字子翼，父賀康載曾為兗州丞。貽孫九歲能文章，有「神童」之稱。十二歲時曾作《自任以天下之重如此》一文，大得其父讚賞。成年後赴省考，主考丁天行擬取為易經考試第一，因文章太奇，為副主考所抑，僅中副榜。明崇禎年間，貽孫與萬時華、陳弘緒、徐世溥、曾堯臣等名流結社於南昌，佳文付印，皆推貽孫為領袖。明亡後貽孫隱居不出，順治初江西學政慕其

名，特地將他列入貢榜，貽孫避而不就。巡按御使笪重光又想推舉他參加博學鴻詞科考試，聞訊後貽孫神情黯然地說：「吾逃世而不逃名，名亡累人實甚。吾將從此逝矣！」遂剪髮改名，遁入深山，事見《清史列傳》「文苑」傳。貽孫著有《詩觸》四卷、《激書》三十三篇、《水田居士文集》五卷，分別為《四庫全書》經部「詩類」存目、子部「雜家類」存目和「別集類」存目收錄。貽孫曆數十年之艱險，飽嘗國破家亡之痛，胸中鬱結悲憤之氣，深深影響其詩文作品。他強調「作詩當自寫性靈」，抒發真情實感，天然本色；主張「美刺諷誡」，文章必暢所欲言而後已，激濁揚清。後世研究者認為，賀貽孫的詩學觀與黃宗羲、顧炎武相比亦不相上下。

張自烈字爾公，號芑山，從小酷愛讀書而無錢購買，故時常外出借書，用蠅頭小楷手抄成冊。後入南京國子監就讀，與侯方域、陳貞慧、賈開宗等名士交流甚契，頗有文名。自烈與東鄉才子艾南英雖為江西同鄉，但各立門戶，以評選詩文相鬥勝。好藏書，寓居南京三年即購書三十餘萬卷。崇禎七年（1634年），攜書返鄉。明末大亂，自烈輾轉避亂，流亡他鄉。他與袁繼咸為同鄉和莫逆之交，袁繼咸被誣陷時自烈不遠千里，赴京上疏，為其申冤；袁繼咸殉難後，自烈又蒐集其詩文遺稿，整理為《六柳遺集》，以褒揚其節義。入清後，自烈屢辭薦舉，不願為官。晚年寓居廬山，主講白鹿洞書院，與時任南康知府的廖文英為好友。卒葬白鹿洞書院附近，其墓今存。《清史列傳》附自烈傳於其弟張自勳傳內。自烈治學，博物洽聞，尤長於考辨評論，一生從事

校讎與講學，著述頗富，但多在離亂中散失。[59]

年齡稍小於以上諸人的，還有南昌人劉丁（1621-1692 年）。劉丁字先庚，先世由玉山遷南昌梓溪。祖父劉一琮為明天啟間歲貢生，崇禎朝曾任山陽縣儒學訓導。劉丁少孤，十三歲即知發憤學習，五經及《史記》、《漢書》都是先手抄後閱讀，心得日多。為諸生時一共參加鄉舉十八次，都因為用古文答卷而不中，遂在鄉教書長達五十餘年。舉凡天文地理、典制音律、醫術占卜等，劉丁皆知源流，而尤精於《易》。為人師表，衣冠整齊，每日早起，先拜列祖。自己平時節儉，而對族中貧苦者多有施捨。如果有學生來見，除了問學習近況外，還要問及農家收成如何。曾說：我一生沒有其他長處，唯有不肯做偷巧走捷徑之事，不敢以他人所不知作為自己的驕傲。因此從學者眾多，人望極高。明末兵亂時曾在逃難途中遇盜，當問知劉丁姓名後，此盜吃驚地說：原來是君子啊！遂不加傷害。有熟人之子充當縣中衙役，為人囂張。劉丁當面質問道：你何必如此？！此人趕緊走開，並再不做衙役。劉丁古文學司馬遷與韓愈，詩宗杜甫。著有《詩古文》八卷及《家居便覽》、《歷代典略》、《正學粹言》等，另有自訂製藝文二百餘篇。傳記見載《國朝耆獻類徵初編》「儒行」，作者蔡世遠在傳末評述道：「江右風俗淳樸，有明一代尤多真儒。先

59　存世的還有《四書大全辨》三十八卷、附錄六卷，為《四庫全書》經部「四書」類存目所著錄。《四庫全書》編者還考定《正字通》十二卷亦為自烈所著，並於經部「小學」類存目所著錄。分別見《四庫全書總目》，中華書局 1983 年鉛印本，第 314、378 頁。

生醇行隱德，著作如林，豈得僅以文人目之哉？」

　　從清初江西各地士人的個人舉止看，避世者不在少數。民國人孫靜庵編著《明遺民錄》，共收錄八百多人，其中江西籍人只收錄二十人，多有遺漏。其中提到的江西籍隱逸人士，還有南昌人周德風、上官長明，建昌人陳允衡，新城人張霖，安福人陳南箕和唯一的女性安福人劉淑英等。這些隱逸者的主要表現之一，是入清後或不參加科舉，或謝絕薦舉，拒不出仕，表現出一代遺民內心的眷戀、失落、徬徨和痛苦。但還要看到的是，此時的隱逸人物已經很少採取逃入深山，「不食周粟」的極端措施，而是還可能在鄉間教書授徒，甚至辦書院開講，也可以是家中有人出世甚至出仕，介入新朝的政治生活中。如張自烈之胞弟張自勳（生卒年不詳），字不就，與其兄齊名。年少即潛心性理之學，論學「以求放心為本」，路徑沿陽明心學而來，但著述嚴於考訂，以蹈襲舊說為恥。崇禎十六年（1643 年）時已撰著《綱目續麟》二十卷、《校正凡例》一卷，《附錄》一卷，《匯覽》三卷，對朱熹所編《通鑑綱目》一書多有訂正。[60]但順治年間，宣城籍人施閏章任江西布政司參議分守湖西道時，重建昌黎書院和白鷺洲書院，聚集一批文人講學。自勳也與身為清朝官員的施閏

60　《四庫全書》將此書收錄於「史部・編年類」，並稱「其說皆鑿鑿有據，非故與朱子為難者比」。《四庫全書》還收錄張自勳《廿一史獨斷》二十一卷於「史部・史評類存目」，收《卓庵心書》四卷於子部「儒家類存目」。張自勳還著有《五經大全正誤》、《四書眾解合糾》、《朱陸折衷》等著述，分別見《四庫全書總目》，第 424、765、820頁。

章論學，並使施閏章也表示佩服其學問之深。事見《清史列傳》本傳，而其兄張自烈的事蹟也是附在自勳傳中得以流傳。

第二節 ▶ 清前期江西科舉概況及其學術思想的邊緣化趨勢

一 清前期江西科舉與他省的消長對比

清前期科舉制度繼承明制，採取童試、鄉試、殿試三級考試制度。其中童試又分為縣試、府試、院試三小級，鄉試又分為科試（武科為武歲試）與鄉試二小級，殿試又分為會試與殿試二小級。與之配套的考試形式還有四種，一是在學生員的歲試，二是貢生選拔考試，三是舉人大挑，四是進士庶吉士考試。評定一個地區的科舉成績，主要的指標可有三項，一是透過儒學大小、學額多寡以考查文風盛衰，二是對比鄉試舉人錄取定額，三是對比進士考取人數。三者之中，又以後兩項指標最為直觀。

1. 江西舉人錄取定額及與他省的對比

作為一個以少數民族統治漢族等多數人民的新興政權，清朝不得不保留明朝遺留下來的漢文化統治政策，入關伊始便開科取士。順治二年（1645 年）全國尚未歸於一統，清朝便舉行了首次鄉試。此年江西境內戰亂尚未平息，因此沒有舉行考試。次年丙戌年本來是科舉制度中的會試、殿試之年，但清朝統治者依舊派遣考官，進入各省開科取士。這年擔任江西鄉試考官的是編修魏天賞、刑科給事中郝璧，頭場三道四書題分別為《論語》「巍

巍乎其」、《中庸》「及其至也」、《孟子》「民之為道……恆心」。在此年派往全國各省的鄉試考官中，魏天賞和郝璧的官職級別基本與江南、浙江兩省主考官相同，屬於鄉試主考官級別中的第一集團。此年江西鄉試的考題，並沒有特別寓意。

　　順治五年戊子科鄉試，江西因金聲桓之亂未行鄉試，但江西士子依然趕赴江南行省的南京貢院參加鄉試，並有八人中舉。順治八年辛卯科，江西鄉試主考官分別為檢討鄧旭、刑科給事中周之桂，頭場四書題分別為《論語》「興於詩立」、《孟子》「以德行仁」、《中庸》「惟天下至……臨也」。此年江西鄉試考官的規格與順治三年相當，但鄉試頭場考題則顯然更具針對性。第一題原文見《論語·泰伯》：「子曰：興於詩，立於禮，成於樂。子曰：民可使由之，不可使知之。」第二題原文見《孟子·公孫丑上》：「以力假仁者霸，霸必有大國；以德行仁者王，王不待大。湯以七十里，文王以百里。以力服人者，非心服也，力不贍也；以德服人者，中心悅而誠服也，如七十子之服孔子也。」第三題原文見《中庸》第三十一章：「惟天下至聖，為能聰明睿智，足以有臨也。寬裕溫柔，足以有容也。發強剛毅，足以有執也。齊莊中正，足以有敬也。文理密察，足以有別也。」這三道四書題顯然是對此前金聲桓之亂的有感而發。這一出題方式對此後的江西鄉試也有所影響。如順治十一年甲午科江西鄉試主考官分別為侍講單弈、吏科給事中郭一鶚，頭場考題則分別是《論語》「居之無倦」（居之無倦，行之以忠）、《中庸》「悠久所以」（博厚，所以載物也；高明，所以覆物也；悠久，所以成物也。博厚配地，高明配天，悠久無疆）、《孟子》「入其疆土……有慶」（春

省耕而補不足,秋省斂而助不給。入其疆,土地辟,田野治,養老尊賢,俊傑在位,則有慶)。此後,江西鄉試除康熙十四年乙卯科、十六年丁巳科因三藩之亂而被迫中止,江西考生奉旨歸入江南省參加考試外,[61]其餘各科均能在本省省會南昌順利舉行。另外從總體來看,自康熙後期開始,江西鄉試考官的行政級別逐漸增高,其中多以六部侍郎擔任正主考官,以翰林院編修、檢討擔任副主考官,這也體現了清朝中央政府對江西地區人才選拔的重視。

清代各省鄉試中額由朝廷按省份大小、人文盛衰決定,各省不同;一省之名額,亦越代不同。順治二年規定各省鄉試錄取名額,分別為順天 254 名,江南 183 名,江西 113 名,浙江 107 名,湖廣 106 名,福建 105 名,河南 94 名,山東 90 名,山西 79 名,廣東 86 名,四川 84 名,陝甘 79 名,廣西 60 名,雲南 54 名,貴州 40 名,[62]全國合計 1534 名。江西僅次於順天、江南位居全國第三,錄取定額約占全國的 7.3%。順治十七年,清廷下旨將全國各省鄉試錄取名額均減去一半,江西減至 57 名。康熙三十五年(1696 年),又准增加各省鄉試錄取名額,江西加 18 名,總計 75 名。是年其他各省鄉試錄取名額分別為順天 171 名,江南 83 名,浙江 71 名,湖廣 70 名,福建 71 名,河南 62

---

61 參見席裕福、沈師徐《皇朝政典類纂》卷一百九十八《選舉八·文科·鄉試中額》。

62 參見陳夢雷、蔣廷錫《古今圖書集成》經濟彙編選舉典卷八十一《鄉試部彙考三》,第 80521 頁。

名，山東 60 名，山西 53 名，廣東 57 名，四川 56 名，陝甘 53
名，廣西 40 名，雲南 42 名，貴州 30 名，全國合計 994 名。江
西仍為全國第三，約占全國總數的 7.5%。康熙四十一年，順
天、浙江、湖廣三省份別增加錄取名額，順天增為 196 名，浙
江、湖廣均增為 83 名，與江南齊平；而江西未及申請增加，鄉
試錄取名額的名次首次降為全國第五，占全國比例降為約
6.8%。康熙四十七年，各省鄉試錄取名額統一增加 1/5，江西增
為 90 名，依然排在全國第五，少於順天 233 名，江南、浙江、
湖廣各 99 名。至康熙五十八年，才因「江西近科士子入場甚
眾，將鄉試名額照浙江、湖廣例取」，亦為 99 名，名次與江
南、浙江、湖廣排在並列第二，占全國比例上升為約 7.8%。

　　康熙三年（1664 年）湖廣分省後，雍正元年（1723 年）湖
北、湖南分省鄉試，其原有錄取名額分割為湖北 50 名，湖南 49
名。雍正二年，各省錄取名額於定額中每 19 名各加中五經 1
名，江西此時改為 104 名。康熙元年（1662 年）江南分省，乾
隆元年（1736 年）江蘇、安徽分省鄉試，其錄取名額分割並有
所增加，江蘇 76 名，安徽 50 名，合計 126 名。此時江西鄉試錄
取 104 名，與浙江並列全國第二，占全國比例降為約 7.6%。至
乾隆九年，依大學士九卿會同論議，准各省鄉試名額除零數不計
外，均減少 1/10，江西定為 94 名，自丁卯科即乾隆十二年起實
行，此後成為定例。[63]此時全國各省的鄉試錄取名額分別為：順

63　參見（清）禮部《光緒欽定科場條例》卷二十《鄉會試中額・各省鄉

天 221 名，江蘇 69 名，安徽 45 名，浙江 94 名，江西 94 名，湖北 48 名，湖南 45 名，福建 86 名，河南 71 名，山東 69 名，山西 60 名，廣東 71 名，四川 60 名，陝甘 61 名，廣西 45 名，雲南 54 名，貴州 40 名，全國共 1233 名。江西鄉試錄取的額數與浙江相同，仍排在全國並列第二，江西舉人定額占全國比例約為 7.6%。

由於清朝歷屆恩科鄉試時各省均得奉旨加廣舉人錄取名額，因此要全面統計清代全國舉人的數量是頗為艱難的，但可以根據不同時期的舉人錄取定額進行大致推算。據統計，清代文舉人的總人數約為 133568 名，其中順天 23559 名，江蘇 8767 名，安徽 3614 名，浙江 10056 名，江西 10070 名，湖北 6268 名，湖南 3892 名，福建 9375 名，河南 7745 名，山東 7420 名，山西 6624 名，廣東 7715 名，四川 6870 名，陝西 6474 名，甘肅 372 名[64]，廣西 4936 名，雲南 5628 名，貴州 4182 名。江西文舉人數約占全國總數的 7.5%，是除順天、浙江外文舉人數超過萬名的三個省份之一。

考查參加鄉試人數的規模也可以窺見一省科舉的盛衰。在清代並非所有在學生員都可以參加鄉試，而是由各省學政通過科試來對參加鄉試的人數進行篩選（武生無科試，以歲試成績為

試定額》，第 1417 頁。

64　陝西、甘肅分省鄉試是在光緒二年（1876 年），此前一直歸為陝甘合試。本文所列甘肅數字為分省鄉試後舉人數，合試時期的舉人數均歸入陝西省。

憑），合格者稱為「科舉生員」，其入選名額與鄉試錄取定額形成正比例對應關係。順治二年（1645 年）規定，各省科試錄取科舉生員名額應為每鄉試錄取名額一名，取應試生儒 30 名。[65]當時江西鄉試舉人錄取名額為 113 名，則每次參加鄉試的科舉生員的數量合計約為 3390 人。乾隆九年（1744 年），議准各省鄉送科試按大省 80 名、中省 60 名、小省 50 名的定例進行選送，江西與直隸、江南、福建、浙江、湖廣同為大省，每舉人名額一名應在科試時選取考生 80 名。另外，每錄取副榜一名，大省加取生儒 40 名，中省 30 名，小省 20 名。[66]統計江西每年參加鄉試的科舉生員約為 8000 人左右。加上其他貢生、監生及錄科、錄遺和大收所錄生員，則參加鄉試生員的總數可超過萬人。

較之明代，清代江西鄉試舉人分布有所變化。原科舉發達地區舉人數大量下降，而一些邊遠或貧困小縣的舉人數則呈上升趨勢。清代舉人數較明代減少的縣份有：南昌、豐城、進賢、臨川、盧陵、吉水、安福、泰和、新喻、峽江、德興、廣豐、遂川等。其中如南昌縣明代舉人為 848 名，清代則為 665 名；盧陵縣明代舉人為 479 名，清代則為 355 名；吉水縣明代舉人為 707 名，清代至光緒元年（1875 年）僅 122 名；安福縣明代舉人為 772 名，清代至同治十一年（1872 年）僅 306 名；豐城縣明代

65　參見席裕福、沈師徐《皇朝政典類纂》卷一百九十三《選舉三・文科・錄送鄉試》，第 3232 頁。
66　參見（清）禮部《光緒欽定科場條例》卷三《科舉定額・例案》，第237 頁。

舉人為 526 名，清代至同治十二年僅 184 名；泰和縣明代舉人為
549 名，清代至光緒五年（1879 年）僅 147 名；新喻縣明代舉
人為 211 人，清代至同治十二年僅 45 人。

　　江西清代舉人數較明代增加的縣份有奉新、德化、分宜、廣
昌、德安、鄱陽、興國、贛縣、萍鄉、萬載、上猶、安遠、南
城、南豐、南康、建昌、高安、崇義、於都、彭澤、湖口、都
昌、新城、新昌、瑞昌、會昌、鉛山、義寧州等。其中如廣昌縣
明代舉人為 91 名，清代至同治六年（1867 年）已達 169 名；萍
鄉縣明代舉人 25 名，清代共有 171 名；萬載縣明代舉人 44 名，
清代共有 140 名；奉新縣明代舉人 74 名，清代至同治十年就達
343 名；南豐縣明代舉人 107 名，清代至同治十年已達 405 名。
清代舉人數與明代變化不大的縣份有餘干、樂平、永新、清江、
星子、新建、萬年、玉山等縣。從總體來看，清代江西舉人數較
明代有所減少。

2. 江西進士取中情況及其成績與他省的對比

　　從整體看，清代江西鄉試舉人錄取定額與舉人總數均領先於
全國其他省份，大多數時候只有順天、浙江方可與之比肩。這一
傲視群倫的科舉成績，主要是因為清代統治者延續了明代一貫重
視江西人才的科舉政策。不過，我們並不能就此斷定清代江西科
舉成績全面優於其他省份。因為，斷定科舉成績的另一個更重要
的指標，是考取進士人數的多少，這也是歷來人們判定各省人才
盛衰的主要指標之一。

　　進士是清代士子科舉生涯的最高階段，也是清代各種入仕途
徑的最高起點。根據《明清進士題名碑錄索引》、《增校清朝進

士題名碑錄‧附引得》、《明清歷科進士題名碑錄》等進士名錄、索引工具書的記載，附以相關地方誌的對校考訂，可以統計出江西有清一代文進士總數為 1887 名，其中清前期約 200 年共考 82 科，[67]合計考中進士 1333 名，占總數的 70.6%；清後期約 60 年共考 29 科，合計考中進士 554 名，占總數的 29.4%。其中順治朝共 7 科，合計考中 81 名，其中考取 5 名以上的縣份分別是南昌 15 名、新建 6 名、豐城 7 名、臨川 6 名、金溪 9 名、安福 5 名。康熙朝共 21 科，合計考中 199 名，其中考取 10 名以上的縣份分別是南昌 12 名、新建 10 名、南城 15 名、南豐 10 名、廬陵 11 名、安福 10 名，另豐城、臨川、新城 3 縣分別考中 9 名。雍正朝共 5 科，合計考中 112 名，其中考取 5 名以上的縣份分別有南昌 9 名、新建 5 名、南城 9 名、新城 5 名、安福 7 名。乾隆朝 27 科，合計考中 538 名，其中考取 10 名以上的縣份分別是南昌 32 名、新建 36 名、奉新 38 名、鄱陽 15 名、南城 27 名、新城 35 名、南豐 32 名、臨川 13 名、金溪 21 名、宜黃 11 名、寧都州 13 名。嘉慶朝 12 科，合計考中 223 名，其中考取 10 名以上的縣份分別是南昌 20 名、新建 19 名、奉新 11 名、德化 10 名、南城 17 名、新城 12 名、南豐 13 名。道光二十年（1840 年）前共 10 科，合計考中 180 名，其中考取 5 名以上的縣份分別是南

---

67 清前期共曾舉行 83 次會試，其中順治年間共 8 次，其中順治三年（1646 年）丙戌科江西無中式者，故此處統計江西中式進士的會試次數為 82 科。

昌 9 名、新建 11 名、豐城 5 名、奉新 9 名、鄱陽 9 名、都昌 5 名、德化 9 名、新城 6 名、南豐 11 名、新昌 9 名、廬陵 6 名。合計清前期江西考中進士超過 50 名的縣份分別有南昌 97 名、新建 87 名、奉新 66 名、南城 72 名、新城 69 名、南豐 73 名；考中進士多於 20 名的縣份分別有豐城 29 名、鄱陽 37 名、德化 32 名、湖口 20 名、廣昌 23 名、臨川 39 名、金溪 47 名、宜黃 28 名、清江 21 名、高安 27 名、新昌 30 名、廬陵 31 名、吉水 21 名、安福 34 名；考中進士多於 10 名的縣份分別有進賢 10 名、武寧 10 名、義寧州 10 名、樂平 13 名、浮梁 14 名、鉛山 11 名、廣豐 12 名、星子 10 名、建昌 15 名、安義 15 名、彭澤 13 名、崇仁 19 名、新淦 10 名、宜春 10 名、分宜 18 名、泰和 13 名、贛縣 13 名、龍南 12 名、寧都州 17 名、南康 10 名。其餘諸縣，考取進士人數均少於 10 名。若按府排列，清前期江西各縣考取進士人數詳情，可見表 6-1。

・表 6-1 清前期江西各縣進士人數一覽表

府縣名	順治	康熙	雍正	乾隆	嘉慶	道光	清前期小計	清代合計
南昌府								453
南昌	15	12	9	32	20	9	97	136
新建	6	10	5	36	19	11	87	127
豐城	7	9	1	5	2	5	29	43
進賢	3	5	0	2	0	0	10	18
奉新	2	5	1	38	11	9	66	90
靖安	0	0	0	4	0	1	5	7

府縣名	順治	康熙	雍正	乾隆	嘉慶	道光	清前期小計	清代合計
武寧	0	0	0	2	4	4	10	18
義寧州	0	0	0	8	0	2	10	14
饒州府								104
鄱陽	1	3	1	15	8	9	37	47
餘干	0	0	0	2	1	0	3	6
樂平	0	1	1	5	4	2	13	16
浮梁	1	3	3	4	2	1	14	16
德興	0	3	1	3	0	0	7	9
安仁	0	0	0	1	0	0	1	5
萬年	0	0	1	1	1	0	3	5
廣信府								81
上饒	0	1	0	2	1	2	6	9
玉山	0	0	0	3	3	3	9	16
弋日	0	1	0	1	1	0	3	8
貴溪	1	0	2	2	1	1	7	10
鉛山	0	0	0	6	2	3	11	20
廣豐	1	0	0	5	3	3	12	17
興安	0	0	0	0	0	0	0	1
南康府								68
星子	0	2	1	6	0	1	10	12
都昌	0	0	0	2	2	5	9	21
建昌	0	3	2	9	1	0	15	18
安義	0	1	0	9	2	3	15	17

府縣名	順治	康熙	雍正	乾隆	嘉慶	道光	清前期小計	清代合計
九江府								126
德化	2	5	1	5	10	9	32	62
德安	0	0	0	3	0	1	4	7
瑞昌	0	0	1	1	2	0	4	9
湖口	1	0	2	9	6	2	20	25
彭澤	0	1	2	6	2	2	13	23
建昌府								305
南城	0	15	9	27	17	4	72	96
新城	2	9	5	35	12	6	69	76
南豐	3	10	4	32	13	11	73	99
廣昌	1	6	4	11	1	0	23	24
瀘溪	0	0	0	4	5	0	9	10
撫州府								194
臨川	6	9	4	13	3	4	39	61
金溪	9	6	4	21	3	4	47	54
崇仁	1	4	2	7	2	3	19	27
宜黃	0	2	2	11	9	4	28	38
樂安	0	1	0	1	0	0	2	3
東鄉	1	1	0	3	1	2	8	11
臨江府								57
清江	2	5	1	9	2	2	21	36
新淦	0	2	3	4	0	1	10	15
新喻	0	1	0	0	0	0	1	1

府縣名	順治	康熙	雍正	乾隆	嘉慶	道光	清前期小計	清代合計
峽江	0	0	0	4	0	1	5	5
瑞州府								107
高安	0	8	3	8	5	3	27	46
新昌	1	3	1	8	8	9	30	48
上高	0	2	2	3	0	2	9	13
袁州府								76
宜春	0	1	2	0	4	3	10	15
分宜	1	1	2	9	4	1	18	20
萍鄉	0	0	0	4	0	3	7	27
萬載	0	0	0	3	3	2	8	14
吉安府								182
廬陵	3	11	3	6	2	6	31	38
泰和	0	5	2	2	3	1	13	18
吉水	2	5	3	9	1	1	21	25
永豐	0	2	0	4	1	2	9	14
安呂	5	10	7	6	3	3	34	49
龍泉	1	0	1	1	1	0	4	4
萬安	0	1	2	0	0	0	3	3
永新	2	2	3	1	0	0	8	19
永寧	1	2	0	0	0	0	3	4
蓮花廳	0	0	0	3	0	1	4	8
贛州府								76
贛縣	0	1	2	9	0	1	13	20

府縣名	順治	康熙	雍正	乾隆	嘉慶	道光	清前期小計	清代合計
於都	0	0	0	6	0	1	7	7
信豐	0	0	2	4	0	1	7	7
興國	0	1	1	0	1	2	5	14
會昌	0	1	0	2	3	0	6	6
安遠	0	0	0	1	0	0	1	1
長寧	0	0	1	0	0	1	2	4
龍南	0	3	0	4	3	2	12	14
定南廳	0	0	0	3	0	0	3	3
寧都								
直隸州	0	3	0	13	1	0	17	33
瑞金	0	1	0	2	0	0	3	3
石城	0	0	1	3	1	1	6	9
南安府								25
大庚	0	0	0	6	0	0	6	7
南康	0	0	0	7	1	2	10	10
上猶	0	0	1	1	1	1	4	4
崇義	0	0	1	1	1	1	4	4
合計	81	199	112	538	223	180	1333	1887

資料來源：主要參照朱保炯、謝沛霖《明清進士題名碑錄索引》編制。對於該書誤刊之部分進士，則利用《國朝曆科題名碑錄初集》及各相關地方誌加以考訂。儘管《索引》中存在不少的誤刊，但作為唯一一種由當代學者編著的索引，涵括了明清兩代全部進士的人名，對於人們進行明清進士時空分布對比分析的價值，依然無可替代。

與明代江西進士考試相比，包括清前期在內的江西清代進士考試成績有明顯下降，首先是總人數從明代的 3018 人降到了清代的 1887 人。整體上看，除了袁州府、建昌府、南康府、九江府、南安府、贛州府及寧都直隸州的進士人數略有增加外，其餘南昌府、吉安府、撫州府、饒州府、廣信府、臨江府、瑞州府 7 個科舉大府的進士人數均大為下降。從縣份上統計，清代江西考取進士最多的前六縣為南昌、南豐、南城、新建、新城、奉新。而進士人數增加較多的有德化、萍鄉、萬載、奉新、南城、南康、南豐、新城等縣。由此也可以看出另外一種變化趨勢，就是清代江西一些貧困偏僻地區與經濟較為發達地區在文化發展的地域差別方面，比明代有所縮小。

其次是考中的「三鼎甲」（也就是俗稱的「狀元」、「榜眼」、「探花」）的總數也大幅減少。明代江西居「三鼎甲」者共 54 名，約占江西進士總數的 1.8%。清代江西進士中居「三鼎甲」者僅 18 名，所占比例不到 1%。據朱彭壽《舊典備征》記載，清代自順治三年（1646 年）丙戌科至光緒三十年（1904 年）甲辰科，共舉行了 112 次殿試，取中狀元 114 人，其中江西僅有 3 人，分別是乾隆四十三年（1778 年）戊戌科的大庾縣戴衢亨、道光十三年（1833 年）癸巳科的彭澤縣汪鳴相、道光十五年乙未科的永豐縣劉繹。[68] 即使加上順治六年（1649 年）己丑科湖北

68　參見朱彭壽《舊典備征》，台北：文海出版社 1987 年影印本，第 88 頁。

黃岡籍狀元清江人劉子壯，也僅有 4 人。此外，清代江西共出榜眼 9 人，即順治四年（1647 年）鄱陽人程芳朝、乾隆四年（1739年）南昌人涂逢震、乾隆十六年廣昌人饒學曙、乾隆三十六年泰和人姚頤、嘉慶元年（1796 年）樂平人汪守和、嘉慶十三年（1808 年）宜黃人謝階樹、道光二年（1822 年）上高人鄭秉恬、道光十二年都昌人曹履泰、道光十五年新建人曹聯桂；出探花 4人：乾隆五十四年（1789 年）萍鄉人劉鳳誥、乾隆五十八年新城人陳希曾、嘉慶六年（1801 年）樂平人鄒家燮、道光六年（1826 年）奉新帥方蔚。另外，清代江西舉人考中會元、傳臚等巍科者也不多。據《舊典備征》及商衍鎏《清代科舉考試述錄》所載，1840 年前江西的鄉試中僅出會元 2 人，即順治十五年（1658 年）臨川人游東昇、乾隆二年（1737 年）贛縣人何其睿；出傳臚 3 人，為乾隆五十五年萬載人辛從益、嘉慶十九年（1814年）新建人裘元善、道光十二年（1832 年）南豐人趙德潾。而在所有的「三鼎甲」中，只有乾隆五十八年（1793 年）探花陳希曾與嘉慶六年探花鄒家燮二人是鄉試解元，而清代江西沒有一人連中二元，遑論三元及第。這種狀況，與江西在全國鄉試舉人錄取定額的排名是不相稱的。

就清代江西進士考試成績作橫向對比，也可以看出一種下滑的趨勢。首先，可以通過清代歷科進士錄取分省名額情況進行考查。

清朝進士分省派額錄取的制度始於康熙五十二年（1713 年）癸巳恩科，即每次會試時由主考官統計並上報各省實際進入考場的人數，由皇帝欽定每省可以錄取的進士數額。由於每次會試各

省進場人數均不相同，因此每次所定錄取名額也各不相同。從整體來看，清前期江西會試臨期分派名額，最多一次是乾隆十年（1745 年）乙丑科的 31 名，最少時為乾隆五十四年己酉科、五十五年庚戌科的 7 名，平均各科名額，則大約為 19 名。[69] 與其他省份比較，江西會試錄取名額要少於直隸、浙江、江南三省，說明儘管江西鄉試錄取定額與江南、浙江大致相當，但進入考場參加會試的舉人卻相對更少。據考證，清代各省進士人數依次為順天 4244 名，江蘇 2949 名，浙江 2808 名，山東 2270 名，江西 1919 名，河南 1721 名，山西 1420 名，福建 1371 名，湖北 1247 名，安徽 1119 名，陝西 1043 名，廣東 1011 名，四川 753 名，湖南 714 名，雲南 694 名，貴州 607 名，廣西 568 名，甘肅 289 名。[70] 從中我們可以發現，錄取舉人總數居全國第二的江西省，其文進士的人數僅為全國第五，不但低於舉人定額高於自己的順天及與自己相當的浙江，也遠低於舉人定額少於自己的江蘇、山東二省，說明江西士紳在進入進士考試即會試與殿試階段，逐漸喪失了領先優勢，只能屈居進士成績中第一集團的末席。

69　參見（清）禮部《光緒欽定科場條例》卷二十二《鄉會試中額・會試中額》。

70　參見沈登苗《明清全國進士與人才的時空分布及其相互關係》，《中國文化研究》1999 年第 3 期。其中，沈登苗對何炳棣的進士統計數據進行了校正。儘管該文統計清代全國進士人數為 26747 名與實際人數存在 102 名的差額，不過它依然提供了迄今所見清代全國分省統計最詳細的數據。

考察清代江西進士的甲次分布，也能說明其考試成績的實際層次。從考取進士人數來看，順治年間江西進士人數僅占全國總數的 2.7％，說明考試成績相對較差。康熙年間江西進士比例雖然有所增加，但也僅有 4.9％。同時在這兩個時期內，江西進士的二甲進士（即所謂「進士出身」者）比例均低於全國比例；而三甲進士（即所謂「同進士出身」者）比例則高於全國進士的三甲比例，說明此時江西進士考試不僅在人數上沒有優勢，在成績上也多被排在三甲之中。雍正年間，江西考取進士的總數比例上升到 7.5％，但其中三甲進士的比例依然高於全國比例。乾隆、嘉慶兩朝，是清代江西進士考試成績最好的時期。乾隆朝江西所占全國同期進士總數的比例超過了 10％，尤其是乾隆朝中間 9 次殿試中，江西進士的二甲比例首次高於全國比例。嘉慶朝後期的 6 次殿試中，江西二甲進士比例又一次超過了全國同期比例。儘管在這兩朝的 55 年中，江西進士的三甲比例依舊偏高，但江西士子畢竟以 7.5％舉人錄取定額，奪得了 8.3％的進士名額。但就總體來看，清代全國三個甲次進士的比例分別為 1.3：33.4：65.3，而清代江西進士的相應比例則分別為 1：32：67，江西一甲、二甲、三甲進士占全國同類進士的比例分別為 5.26％、6.72％和 7.21％。可見清代江西的一甲和二甲進士比例均低於全國相應的比例。

通過以上對比分析可知：清代江西科舉成績較明代有明顯下降，尤其是考中進士的人數，較明代減少了大約 1/3；清代江西舉人錄取名額居全國前列，處於第一集團軍的領跑者的位置，但考中進士的人數則與舉人錄取定額的排名不符，大致處於第一集

團軍的末尾或第二集團軍的首位。由於江西全部進士中的三甲進士比例偏高，也降低了清代江西進士考試成績的含金量。

二　江西科舉姓氏的分布及各地著名的進士家族

1. 江西科舉姓氏的空間分布

　　相對明代而言，雖然清前期江西一省的科舉總體狀況呈下降趨勢，但對江西省內的士人來說，並不因此而導致他們追逐功名的熱情下降。所以如此，原因是多方面的，很重要的一點是在清代江西鄉村普遍聚族而居的社會生存系統中，科舉考試往往是一些大姓巨族掌控的重要政治資源。這種政治資源的掌控越是長久，越有助於這些大族在地方上獲取更多的聲譽、權力和利益，所以深為這些大姓巨族所驕傲。清前期江西各地都不乏累世科甲者，無論是科甲聯芳的祖孫進士、父子進士，還是棠棣同榮的兄弟同榜、兄弟聯榜，以及幾代之間的一門多進士，他們因此而形成遠近聞名的進士家族。至今在江西一些村落中，清代豎立的標榜功名業績的旗杆石屢屢可見；還有數量繁多的家族譜牒，詳細記載了各姓子弟清代參與科舉的中舉捷報與名人軼事。從其歷史淵源考察，這些家族的科舉活動多可上溯到明代；從其家族內部的科舉人士分布看，往往不是均衡產生而是集中在幾個房支。這些歷有科舉傳統和優勢的家族房支，更加著意培養和激勵其子弟生生不息地發憤唸書，參加科舉。長此以往，不僅形成其自身的一種文化和傳統，也形成人所共知的稱頌性口碑，在觀念或印象上形成姓氏（家族）——地域（村或鄉）——科舉（仕宦）三位一體的重疊。在晚清廢除科舉制度之前，這樣一種基本狀態和追

‧峽江縣進士匾（吉安市博物館提供）

逐熱情在江西始終存在，而且和此時江西在思想、學術領域的貢獻大小皎然分途——後者在清代的逐漸邊緣化，不可與江西清代的科舉勢頭混為一談。有所變化的，只是不同姓氏（家族）在這種科舉競爭中的消長，或是中舉人數的多少在不同府縣之間的易位。

根據《明清進士題名碑錄索引》統計，明清兩朝全國共有809個姓氏曾有人考中進士，其中明代江西共有185個姓氏考取進士，清代則減少了4個，總數181個。如果按考中進士人數的多少劃分江西的科舉姓氏類型，則進士人數超過100名者可定為超大型科舉姓氏，50-100名者為大型科舉姓氏，20-50名者為中型科舉姓氏，20名以下者為小型科舉姓氏。若按這一類型劃分，則明代江西超大型科舉姓氏共有5個，即劉、李、王、張、陳，這5個超大型科舉姓氏共產生了759名進士；大型姓氏有12個，分別為周、吳、黃、胡、徐、楊、曾、熊、羅、朱、蕭、彭，他們共產生了689名進士；中型姓氏有14個，分別為萬、鄧、郭、歐（陽）、汪、江、鄒、涂、傅、余、謝、袁、鄭、程，共產生384名進士；小型姓氏共154個，其中進士人數

在 11-20 人之間的有 25 個，進士人數在 1-10 名之間的有 129 個，共產生了 930 名進士。明代江西科舉姓氏與全國主要科舉姓氏的分布基本吻合，只有涂姓在全國屬於小型科舉姓氏，而在江西則屬於中型科舉姓氏。

到清代，江西已經沒有超大型科舉姓氏，大型科舉姓氏僅有 8 個，即李、黃、劉、陳、王、張、徐、周，總數比明代少 4 個；中型科舉姓氏有 15 個，分別為熊、吳、楊、彭、胡、朱、羅、趙、程、謝、鄧、蔡、涂、萬、歐（陽）；小型進士姓氏有 158 個。與明代相比，清代江西除了沒有超大型科舉姓氏外，另一個不同在於中型科舉姓氏的具體內容發生很大變化：其中，與明代相同的姓氏只有 40%，而接近 50%的新姓氏屬於明代的大型科舉姓氏之列。這說明清代江西中小型科舉姓氏考中進士的人數有所增加，換言之，有更多的小姓家族在科舉角逐中占據一席之地。

清代江西各地科舉姓氏的空間分布及其與明代的對比，詳如表 6-2：

· 表 6-2　清代江西科舉姓氏的空間分布及其與明代的對照

姓氏	清代人數	清代主要分布地區	明代人數	明代主要分布地區
李	100	伍川 17，德化 8，吉水 7，南昌 6，南城 6，金溪 5，南豐 4，寧都 4，建昌 4，豐城 3	149	豐城 27，南昌 14，吉水 14，安福 9，貴溪 7，盧陵 6，永新 6，南豐 6，新建 5，進賢 5，浮梁 5，新喻 5，伍川 4
劉	97	南豐 16，安福 9，盧陵 8，新昌 8，南昌 6，永新 5，崇仁 5，新建 4，德化 4，南城 3，贛縣 3	238	安福 50，南昌 27，盧陵 25，吉水 18，萬安 17，永豐 13，永新 12，泰和 9，都陽 8，伍川 7，豐城 5，金溪 5，崇仁 5，廣昌 4，浮梁 3，彭澤 3
黃	97	新城 14，宜黃 10，都昌 7，南昌 5，金溪 5，南豐 4，盧陵 4，清江 4，德化 4，伍川 3，南城 3，都陽 3，興國 3，石城 3	77	豐城 11，伍川 8，金溪 4，樂安 4，盧陵 4，南城 4，信豐 4，吉水 3，建昌 3

姓氏	清代人數	清代主要分布地區	明代人數	明代主要分布地區
陳	68	新城 7，義寧州 5，新建 4，德化 4，伍川 3，崇仁 3，贛縣 3，武寧 3，高安 3	115	泰和 14，伍川 12，進賢 9，南昌 6，廬陵 6，高安 6，新淦 5，新建 4，新昌 3
王	61	安福 9，南城 7，金溪 6，廬陵 5，新淦 4，都陽 4，南昌 3	135	安福 30，泰和 11，吉水 9，金溪 9，廬陵 8，南昌 8，新建 7，伍川 6，高安 5，上饒 5，南城 4，東鄉 3
張	55	永豐 5，德化 5，伍川 4，南昌 3，新建 3，奉新 3，武寧 3，鉛山 3，新昌 3	123	南昌 12，吉水 10，新喻 8，新淦 8，安福 7，南城 7，德興 7，泰和 5，萬安 5，新建 5，浮梁 4，伍川 3，樂安 3，上饒 3，建昌 3
周	50	都陽 9，南城 6，南豐 4，金溪 4，南昌 3，湖口 3，安福 3	94	吉水 18，安福 16，南昌 6，廬陵 5，伍川 5，貴溪 4，玉山 3，萬安 3，新淦 3

姓氏	清代人數	清代主要分布地區	明代人數	明代主要分布地區
徐	54	奉新 11，豐城 7，南昌 6，寧州 3，金溪 3，高安 4，南豐 3，廣豐 3，龍南 3	63	金溪 7，伍川 6，豐城 6，南昌 4，進賢 4，上饒 6，貴溪 6
吳	46	南昌 9，南豐 7，高安 6，玉山 4	77	伍川 11，金溪 6，崇仁 5，進賢 5
熊	46	南昌 9，新建 6，高安 8，新昌 7，安義 4	54	南昌 14，豐城 12，進賢 6，新建 5，建昌 4
楊	45	清江 11，新城 7，南昌 3，新建 3	61	泰和 12，南昌 10，豐城 9，清江 5，吉水 4
彭	44	南昌 9，廬陵 4，寧都 4，湖口 4，安福 2	51	安福 16，廬陵 5，吉水 4，清江 4
胡	42	新建 8，南昌 6，進賢 3，樂平 3，新昌 3	72	新喻 8，南昌 7，豐城 5，安福 5，廬陵 5，吉水 5，新淦 4，鄱陽 4
朱	32	高安 7，蓮花廳 4，南城 3，進賢 3，南昌 2	52	南昌 6，進賢 5，新建 4，萬安 5，高安 5，南城 4

姓氏	清代人數	清代主要分布地區	明代人數	明代主要分布地區
羅	29	南城 5，南豐 4，德化 5，吉水 3，新建 3	53	吉水 10，泰和 9，廬陵 4，南昌 9，豐城 5
趙	27	南豐 12，奉新 5，安福 4	17	南昌 3，德化 3，南豐 2
程	26	新建 7，南城 5，宜黃 4，番陽 4，浮梁 2	22	樂平 6，浮梁 4
鄧	25	新城 5，南城 3，南昌 3，新淦 3	33	吉水 6，安福 5，新城 3
謝	25	宜黃 3，興國 3，南城 3	23	安福 5，吉水 3，金溪 3，樂安 3
蔡	23	德化 6，新昌 4	11	德化 2，新昌 2，大庚 2
萬	22	新建 5，南昌 6，德化 4，豐城 3	41	南昌 19，進賢 7，新建 5，安福 4
歐	22	安福 3，分宜 6，彭澤 5	32	泰和 17，安福 7
涂	22	新城 8，奉新 6	26	豐城 10，南昌 7，新建 3，新城 3
曾	20	南城 5，臨川 3，寧都 3	55	泰和 14，吉水 8，永豐 6，廬陵 4，臨川 8，樂安 3，寧都 3

姓氏	清代人數	清代主要分布地區	明代人數	明代主要分布地區
饒	19	南城 5，新城 4	14	進賢 9
魯	19	新城 14，南豐 3	0	
郭	18	新建 4，吉水 3，建昌 3	32	泰和 7，廬陵 5，吉水 4，萬安 3，宜春 3
汪	18	樂平 4，浮梁 3	27	戈陽 7，樂平 4，貴溪 4，浮梁 3
鄒	18	奉新 3，南豐 3	26	安福 7，臨川 3
余	17	奉新 5	24	奉新 4，南昌 3，都昌 3，德興 3
傅	17	高安 3，金溪 3	25	新喻 6，臨川 6，進賢 5
何	17	廣昌 4，番陽 3	18	新淦 6，廣昌 4
曹	17	新建 9，湖口 5	8	彭澤 3，浮梁 3
宋	15	奉新 11	19	奉新 4，吉水 4，豐城 3
蕭	14	萍鄉 3，高安 3	52	泰和 24，廬陵 9，萬安 5，吉水 4
袁	14	宜春 2，豐城 2	23	豐城 11，宜春 4
鄭	13	上饒 2	23	上饒 5，永豐 3
魏	13	廣昌 6，南昌 4	11	南昌 4，新建 4
嚴	13	奉新 6，分宜 4	5	分宜 2

姓氏	清代人數	清代主要分布地區	明代人數	明代主要分布地區
陶	13	南城 5，南昌 4，新建 4	4	
夏	12	新建 11	17	豐城 4
葉	12	新建 4	20	南昌 5，上饒 3，湖口 3
鐘	12	興國 3	12	南昌 5，永豐 4
甘	12	奉新 12	12	豐城 5
高	12	新建 3	8	
江	11		27	貴溪 8，進賢 4，金溪 3
章	11	南城 4，南昌 3	12	臨川 6
許	11	南昌 3	7	
盧	10	南康 4	8	
湯	10	南豐 8	10	南豐 2
雷	9	南豐 3	8	豐城 6
廖	9	奉新 3	7	
聶	9	清江 3	16	豐城 5，金溪 3
舒	9	靖安 4	15	靖安 2
喻	9	南昌 3，新建 3	10	新建 3
呂	8	德化 3	8	（廣）永豐 6
梅	8	南城 5，南昌 3	2	湖口 2
杜	8	新建 6，清江 2	6	豐城 4

姓氏	清代人數	清代主要分布地區	明代人數	明代主要分布地區
丁	8	豐城 2	18	豐城 7，新建 3
譚	8	南豐 5	9	南豐 2
龔	8	新建 8	0	
潘	8	南城 3，新城 3	4	
伍	7	安福 6	15	安福 13
詹	7	安義 5，樂安 2	19	樂安 5，玉山 3，（廣）永豐 3，貴溪 3
方	7		17	浮梁 4，樂平 3
姚	7	貴溪 1	9	貴溪 4
戴	7	大庚 4	17	浮梁 5
儀	6	崇仁 4，鉛山 2	0	
顧	6	廣豐 3	1	
龍	6	永新 4	17	泰和 5，永新 4
金	6		11	新建 3，新淦 3
易	5	宜春 3	8	
游	5	臨川 3	9	豐城 5
龔	5	南昌 4	10	南昌 3，進賢 3，清江 3
辛	5	萬載 5	1	
帥	5	奉新 5	2	奉新 1
梁	5	泰和 3	10	泰和 3
阮	5	新建 3，安福 2	2	

姓氏	清代人數	清代主要分布地區	明代人數	明代主要分布地區
賀	4		9	都陽 3，永新 3
漆	4	新昌 4	4	南昌 2，新昌 2
左	2		10	南城 4，永新 3
姜	0		16	南昌 5

資料來源：主要根據朱保炯、謝沛霖《明清進士題名碑錄索引》統計編制。清代進士部分參照毛曉陽《清代江西進士叢考》（浙江大學人文學院古籍研究所中國古典文獻學專業 2005 年博士畢業論文），其中對《索引》有所考訂修正。據此，不僅可以直觀地瞭解清代江西各府縣科舉姓氏的分布及人數情況，還可看出明清兩朝各地科舉姓氏之間消長、替代等變化。

2. 江西各地著名的進士家族

在明代江西，劉姓是科舉姓氏第一大姓，到清代則降為第二。該姓進士具體的分布地域也發生了改變，在二十三個有劉姓考中進士的縣份中，明清兩代均有劉姓進士分布的縣份僅有四個。而據地方誌記載，在清代有劉姓進士分布的十一個縣份中，僅有三個縣份的劉氏可以稱為清前期的科舉家族，如南豐縣劉姓有二代三進士的科第榮光：劉光藜，乾隆十九年（萬秩孫）；劉秉鈞（霖子），乾隆十七年；劉焯（秉彝子），乾隆二十六年。安福縣劉姓有父子進士的科名佳話：劉驪，康熙二十一年；子孟宏，康熙三十九年。南昌縣劉姓有兄弟進士：劉昆，順治十六年；劉徵，康熙九年。

李姓是明代江西考中進士第二多的姓氏，到清代則升至第一位。在十八個有李姓進士的縣份中，明清兩代均有李姓考中進士

・贛縣白鷺村鐘氏舉人旗杆石（梁洪生攝）

的縣份只有五個。據地方誌記載，在清代有李姓進士分布的十個縣份中，有五個縣份的李氏可以稱為清前期的進士家族。臨川縣有一門六進士：李紱，康熙四十八年；李紘（紱六弟），雍正二年；李孝洪（紘子），乾隆十七年；李友棠（紱孫），乾隆十年；李傳熊（友棠子），乾隆五十二年；李訓釗（傳熊孫），道光十五年。建昌縣有三代三進士：李鳳翥，康熙三十六年；李志沆（鳳翥次子），康熙五十七年；李瑞麟（鳳翥孫），乾隆二十二年。吉水縣有「四代三進士」：李振裕，康熙九年；李景迪（振裕六子），康熙四十二年；李象井（景迪孫），乾隆四十年。德化縣有父子進士：李鴻賓，嘉慶六年；李儒郊，道光二年。南城縣有兄弟同榜進士：李從圖、李熙齡，道光九年以堂兄弟中同榜進士，併入館選。

將清代江西科舉姓氏的類型與地方誌所載清前期江西科舉家

族進行對照，可以發現它們之間存在較為一致的相關度。在清代江西二十三個大型、中型科舉姓氏中，有二十個均在地方誌中有科舉家族的相關記載。如黃姓，新城縣北坊有祖孫三進士：黃文則，乾隆元年；黃壽齡（文則孫），乾隆三十七年；黃嵩齡（壽齡兄），乾隆四十年。東坊有父子進士：黃祐，雍正元年；黃澄，乾隆十九年。另又有叔侄進士：黃培任，乾隆二年；黃福，乾隆四年。宜黃縣有父子侄三進士：黃捷山，乾隆十三年；黃錫禔（捷山子），嘉慶七年；黃錫 （捷山侄），嘉慶十年。盧陵縣有兄弟進士：黃贊湯，道光十三年；黃贊禹（贊湯兄），道光二十年。都昌縣有兄弟進士：黃有華，道光二年；黃慎修，道光九年。

又如陳姓，新城縣有一門七進士：陳道，乾隆二十四年；陳觀（道孫），乾隆四十九年；陳用光（道孫），嘉慶六年；陳椿冠（道孫），道光十五年；陳希祖（道曾孫），乾隆五十五年；陳希曾（希祖弟），乾隆五十八年（探花）；陳蘭祥（道之曾孫），道光九年。

在王姓中，新淦縣有三代四進士：王言，康熙十八年；王泰蛀（言長子），雍正二年；王云煥（言孫），乾隆元年；王云翔（云煥從弟），雍正十一年。盧陵縣有父子進士：王大年，康熙五十四年；王用儀，乾隆三十四年。

在張姓中，武寧縣坊市有父子侄進士：張華甫，乾隆三十六年；張富業（華甫子），嘉慶四年；張富經（華甫侄），嘉慶二十二年。永豐縣有父子三進士：張瓊英，嘉慶六年；張舒翹（瓊英次子），道光十六年；張舒翰（瓊英四子），道光二十一年。

又如徐姓，奉新縣建康鄉有四代七進士：徐維綱，乾隆十年；徐維倫（維綱弟），乾隆十九年；徐曰明，乾隆二十二年；徐曰都（曰明弟），乾隆三十四年；徐曰言（維綱從子，曰都弟），乾隆三十七年；徐心田（維倫孫），嘉慶六年；徐盛持（曰言孫），道光三年。金溪縣有父子進士：徐繼昌，康熙三十九年；徐大樑，雍正元年。

再如周姓，南城縣有父子三進士：周之相，康熙五十四年；周方熾（之相長子），乾隆十年；周方燧（之相四子），乾隆二年。鄱陽縣有祖父孫三進士：周銘詒，乾隆十年；周崧曉（銘詒子），乾隆三十七年；周彥（崧曉子），嘉慶二十四年。湖口縣有父子進士：周厚轅，乾隆二十六年；周仲墀（厚轅次子），道光三年。另有祖孫進士：周仁棟，乾隆二十二年；周誠之（仁棟孫），道光二十年。

此外還有熊姓，在南昌縣瀝南有四代五進士：熊一瀟，康熙三年；熊本（一瀟子），康熙四十五年；熊學烈（一瀟孫），康熙四十二年；熊學鵬（本子），雍正八年；熊之福（學鵬子），乾隆二十二年。南昌縣魯濱有祖孫三進士：熊飛渭，康熙三年；熊直宋（飛渭孫），雍正二年；熊忠信，乾隆四十五年。高安縣有父子三進士：熊中砥，乾隆三十一年；熊如澍（中砥子），嘉慶六年；熊如洵（如澍弟），嘉慶元年。鉛山縣有祖孫進士：熊枚，乾隆三十六年；熊常錞（枚孫），嘉慶十四年。安義縣有叔侄進士：熊啟謨，乾隆二十五年；熊廷基，道光九年。

再如吳姓，高安縣有父子進士：吳學瀚（琇子），雍正十一年；吳琇，乾隆元年。

楊姓，清江縣（今樟樹）有三代三進士：楊錫紱，雍正五年；楊有涵（紱次子），乾隆十七年；楊懋珩（有濟子），乾隆三十六年。又有父子進士：楊壽楠，乾隆三十四年；楊學光，乾隆五十八年。新城縣有父子進士：楊紛，乾隆三十一年；楊以湲，乾隆三十六年。

彭姓，南昌縣東壇有一門八進士：彭廷訓，康熙四十五年；彭元瑞（廷訓子），乾隆二十二年；彭元琠（元瑞弟），乾隆三十七年；彭良驤（元瑞子），乾隆十九年；彭良裔（廷訓孫），嘉慶四年；彭翼蒙（元瑞子），乾隆四十三年；彭邦疇（元瑞孫），嘉慶十年；彭邦畯（元瑞孫），嘉慶十九年。湖口縣有二代三進士：彭錫璜，乾隆二十六年；彭錫珫（錫璜弟），乾隆四十五年；彭嘉恕（錫璜侄）。

另外一些地方的實例如：朱姓，高安縣有父子進士：朱軾（文華殿大學士兼吏部尚書），康熙三十三年；朱璩，乾隆元年。另有兄弟進士：朱之問，康熙五十四年；朱之辨（之問兄），雍正元年。

羅姓，南城縣有祖孫四進士：羅冠（爌祖），康熙九年；羅銓，雍正五年；羅爌（銓侄），康熙五十四年；羅華（爌子），乾隆四年。

謝姓，南康縣有父子進士：謝啟昆，乾隆二十六年；謝學崇，嘉慶十年。

鄧姓，南城縣、浮梁縣均有父子進士：南城鄧旵，乾隆四十三年；鄧存詠，嘉慶十四年。浮梁鄧夢琴，乾隆十七年；鄧傅安，嘉慶十年。

　　蔡姓，南昌縣有父子進士：蔡秉公，康熙三十七年；蔡正笏，乾隆四年。德化縣有叔侄進士：蔡爕，道光十五年；蔡壽祺，道光二十年。

　　涂姓，奉新縣法城鄉有一門四進士：涂錫禧，乾隆元年；涂錫谷，乾隆十年；涂祖瀾，乾隆二十二年；涂崧（錫禧孫），嘉慶二十四年。

　　萬姓，南昌縣有祖孫三進士：萬廷蘭，乾隆十七年；萬承絳（廷蘭孫），道光二十四年；萬啟畇（承紀子），嘉慶十四年。另有兄弟進士：萬承蒼，康熙五十二年；萬承芩，雍正元年。

　　歐陽，分宜縣有祖孫進士：歐陽光縉，順治十二年；歐陽星（縉曾孫），乾隆四年。另有叔侄進士：歐陽瑾（章學誠之師），雍正十一年；歐陽欽（瑾叔，戴均元、戴衢亨之師），乾隆二十六年。

　　清代前期，江西還有不少屬於小型科舉姓氏的家族培養出幾代進士。如：

　　魯姓，新城縣（今黎川縣）鐘賢魯氏一門十一進士，是清前期江西進士家族之最：魯瑗，康熙二十四年；魯立（瑗從子），康熙五十一年；魯淑（瑗孫），雍正八年；魯士驤（淑子），乾隆三十一年；魯蘭枝（立子），乾隆三十四年；魯河（士驤叔），乾隆二十八年；魯鴻（瑗孫），乾隆二十八年；魯繽（鴻子），嘉慶二十二年（貢士）；魯士驥（邦材族孫、繽族兄），乾隆三十六年；魯鼎梅（士驤同族），乾隆七年；魯垂紳（邦材孫），嘉慶十年。

　　詹姓，安義縣有一門五進士：詹易，乾隆二年；詹鶴齡（易

長子），乾隆三十七年；詹錫齡（易幼子），乾隆四十六年；詹堅（易孫），乾隆六十年；詹景鐘（易孫），道光十六年。

裘氏，新建縣有一門四進士：裘君弼，康熙三十六年；裘曰修（君弼子），乾隆四年；裘麟（曰修子），乾隆二十五年；裘元淦（麟子），嘉慶十年。

曹氏，新建縣有一門四進士：曹家甲，康熙三十六年；曹秀先（家甲孫），乾隆元年；曹熊（秀先曾孫），嘉慶四年；曹聯桂（熊子），道光十五年。湖口縣有父子進士：曹天瑾，乾隆四年；曹基甲，嘉慶七年。

宋氏，奉新縣有三代四進士：宋五仁，乾隆十六年；宋鳴珂（五仁次子），乾隆四十五年；宋鳴琦（五仁四子，廣西鹽法道），乾隆五十二年；宋延春（鳴琦三子，代理雲貴總督），道光十三年。

戴氏，大庾縣有二代四進士：戴第元，乾隆二十二年；戴均元（第元弟），乾隆四十年；戴心亨（第元長子），乾隆四十年；戴衢亨（第元次子），乾隆四十三年。戴衢亨於乾隆十三年中狀元，其父戴第元為乾隆丁丑科進士，其叔戴均元、弟弟戴心亨也於乾隆四十年考中進士，兩代人四人並居館職，世人譽稱「西江四戴」[71]。

許氏，南昌縣有兄弟三進士：許庭梧，乾隆六十年；許庭椿，嘉慶元年；許庭楷，嘉慶元年。

71 許懷林《江西史稿》，江西高校出版社 1993 年版，第 612 頁。

帥氏，奉新縣有二代三進士：帥念祖（帥我次子），雍正元年；帥光祖（帥我幼子），乾隆二十八年；帥家相（我之孫），乾隆二年。

嚴氏，奉新縣進城鄉有祖孫三進士：嚴盛昌，康熙五十四年；嚴拱（盛昌曾孫），嘉慶六年；嚴盛日，乾隆二十六年。分宜縣有三代三進士：嚴宗喆，雍正五年；嚴秉璉（宗喆侄），乾隆十九年；嚴思濟（宗喆侄孫），乾隆二十一年。

郭氏，建昌縣有父子三進士：郭衛城，乾隆二十二年；郭祚熾（衛城長子），乾隆二十六年；郭祚炳（衛城子），乾隆四十九年。湖口縣有父子進士：郭在磐，嘉慶十九年；郭世閭，道光三年。

梅氏，南城縣有祖孫三進士：梅之珩，康熙二十四年；梅廷對（之珩子），康熙五十二年；梅云程（廷諧子），乾隆十三年。

曾氏，南城縣有二代三進士：曾廷栝（劭子），乾隆四十六年；曾燠（廷栝子），乾隆四十五年；曾斌（劭孫），嘉慶十四年。寧都縣有兄弟進士：曾昌麟，乾隆二年；曾昌齡（昌麟兄），乾隆七年。

辛氏，萬載縣有二代三進士：辛從益，乾隆五十五年；辛炳晟（從益兄），嘉慶十年；辛師云（從益子），道光十二年。

干氏，星子縣有祖孫進士：干建邦，康熙三十九年；干廷㷮（建邦四世孫），道光九年。另有叔侄進士：干運恆，乾隆十七年；干從濂，乾隆十三年。

陶氏，南城縣有祖孫進士：陶成，康熙四十八年；陶其愫，乾隆十五年。另有父子進士：陶思賢，雍正八年；陶金諧，乾隆

· 尋烏縣項山鄉潘氏清代舉人旗杆石（梁洪生攝）

十三年。

　　盧氏，武寧縣、南康縣均有父子進士：武寧盧浙，嘉慶四年；盧鴻翱，道光六年。南康盧元偉，乾隆六十年；盧昌輔，道光十六年。

　　另外，江西何、解二姓在清前期均有祖孫進士的科名佳話：廣昌縣何人龍，康熙五十二年；何在勇（人龍孫），乾隆十三年。吉水縣解韜，雍正八年；解運衢，嘉慶十三年。梁、魏、燕、舒四姓都有父子進士的科第榮光：泰和縣梁弓，康熙十八年；梁機，康熙六十年。廣昌縣魏方泰，康熙三十九年；魏定國，康熙四十五年。德安縣燕侯然，乾隆元年；燕位璋，乾隆三十六年。靖安縣石馬舒懋官，乾隆五十七年；舒恭受，道光二

年。馮、伍、習、余、康、江、葉、段八姓則有兄弟進士的棠棣
齊芳：金溪縣馮詠、馮謙，康熙六十年同榜進士。安福縣伍煒、
伍煥，雍正八年同榜進士。分宜縣習家駒、習家騋，嘉慶十年同
榜進士。豐城縣余配元，順治十八年；余配乾（配元兄），康熙
九年。高安縣安福縣康五瑞，康熙三十六年；康五瓚，雍正五
年。貴溪縣江皋，雍正五年；江峰，乾隆十年。浮梁縣葉宏，乾
隆十三年；葉廷裕（宏兄），乾隆十九年。雩都縣段彩，乾隆十
九年；段廷遴，乾隆三十五年。

三 乾嘉學人主流對「江右王學」的批判

宋明以來的典籍中，以「江右」指稱「江西」的說法由來已
久；但以之概括明代江西文化人群體及其學術旨歸，則當聞名於
康熙十五年浙江大儒黃宗羲編定的《明儒學案》。在這部對明代
儒學進行整理研究的重要著作中，黃宗羲專門寫有「江右王門學
案」九卷。作為王學中人及其學術思想的整理者，他在序言中加
意強調：

> 姚江之學，惟江右為得其傳，東廓、念庵、兩峰、雙江其選
> 也。再傳而為塘南、思默，皆能推原陽明未盡之旨，是時越中流
> 弊錯出，挾師說以杜學者之口，而江右獨能破之，陽明之道賴以
> 不墜。蓋陽明一生精神，俱在江右，亦其感應之理宜也。

然而，《明儒學案》在編定之初，整個江南地區已經處於抗
擊三藩叛亂的動盪之中，作為清王朝在思想文化上的系統清理和

整肅，此時還未及充分展開。

康熙二十二年（1683 年），平息叛亂之後的首任兩江總督于成龍主修《江西通志》。江西學政高璜在序言中先縱論江西具有的重要戰略地位，然後筆鋒一轉，由地理而引申到江西的文與人：

（江西）故大不如吳，強不如楚。然有吳之文而去其靡，有楚之質而去其獷。吾必以江國為巨擘焉！議者常少江人，謂其立異而難服。夫立異者，矜之疾；難服者，愚之疾，誠有之不知。立異，則無工言語，識形勢之習；難服，則不顧利害去就，與天下爭是非。可殺，可去，而不可使為不義。此人君樂得之以為臣，人父樂得之以為子，人士樂得之以為友，禱祠以求而不副者也。且使盡棄其所得之分，亦安所得而利之。漢庶人既克，庭議將移師伐趙，楊文貞不可。東楊以言怵之，不動，卒全親親之仁，嫡後尊崇，滿朝縮領。彭文憲指陳侃侃，至滿四之役，持議不發京兵，程信怵之，亦不動，迄以成功。非立異難服之效歟？臣璜揾西江士大夫無造次之美，而有持久之功，此與向所云殆近歟？……

高璜此時盛讚「西江士大夫」，用的還是明代的掌故，一是時稱「三楊」之一的宰輔泰和人楊士奇，一為成化時任兵部尚書

的安福人彭時。[72] 在其背後蘊藏的不僅是吉泰盆地源遠流長的宋明人文底蘊，而且這個地區也正是明代江右王學的大本營和深度浸淫之處。作為清初主持一省學政的長官，對這個地區的文化積累還是表示了尊崇並給予很高的評價。

乾隆朝以後，隨著《四庫全書》編纂的展開，作為文化主流的考據學家們幾乎都對江右王學發起猛烈批判，且必定上溯陸王。其中評論尚屬有所肯定的，如對清初餘干人張時為所撰《張界軒集》所作的提要稱：

---

72 「楊文貞卒全親親之仁」的掌故，見於明代郎瑛撰《七修類稿》卷九《國事》類「二楊真識」條：「漢庶人因成祖喜而不當繼嗣，遂有謀逆之念；仁宗踐祚，已每有輕之之意。及賓天，遂移檄以誣夏忠靖等奸邪誤國，特未出兵耳。夏等人謝罪，宣宗曰：『是假卿名以興兵耳。』命坐，屏人語，則楊文敏公首勸親征，以往事可鑒數十言，剴切之甚。且曰：兵貴神速，遂兼程而進，六師臨城，始大驚出降。罪人既得，朝廷遣尚書陳山迎駕，山因進曰：『移師趙府，一鼓可擒也。』文敏亦曰：『時不可失。』上令楊文貞公草敕，文貞曰：『事須有實，鬼神可欺哉！』與文敏反覆辯其朝廷止一親叔，當過厚而反入其罪，皇祖之靈安乎？上不懌，還京。過日，召文貞曰：『皇考與趙王最友愛，當思保之之道。吾封群言，差人齎去，俟其自處。』趙王得璽書及言者章，即日獻護衛，上表謝恩，自此上待趙益厚。嗚呼！二府非文敏、文貞言之懇懇，則罪人何一時即得，而朝廷至親死於無辜，親親之道，安能盡耶？」參見上海書店出版社《歷代筆記叢刊》本，2001 年版，第 93 頁。所謂「彭文憲指陳侃侃」，則見於明代焦竑著《玉堂叢語》之五「識鑑」條：「平涼土達滿四反，官軍累失利，都御史項忠奉詔討之，時策其必成功。而朝議咸欲再遣將，彭時與商輅執不可，或動以危語，時不為動。未幾，獻俘至，議者始服。」參見中華書局《歷代史料筆記叢刊》本，1997 年版，第 152 頁。

……故總以集名，然讀左言語錄詩文，皆未刻者，皆講學之
書，仍以集名，非其實也。江右之學，大抵以陸氏為宗。時為生
胡居仁之鄉，乃獨從居仁宗朱子，故其言平正篤實者居多。然頗
有主持太過者……其於程朱之學殆猶食而未化歟。

又如為晚明南昌人涂伯昌所撰《涂子一杯水》所作的提要，
則批評又稍進一層：

其《格物述》及《古本大學通序》數篇，頗以朱子為非。蓋
江右之學，多從陸氏，自宋元已然也。詩多染竟陵末派，惟五言
律詩間有可觀。[73]

73　《張界軒集》與《涂子一杯水》二書分別被《四庫全書》卷九十七「子
部‧儒家類存目三」和卷一八〇「集部‧別集類存目七」所著錄，分
別見《四庫全書總目》，中華書局 1983 年鉛印本上冊，第 822 頁；下
冊第 1629 頁。另外從學術思想史的角度考察，這種以地域分朱陸門
戶的做法，似乎也可從朱熹那裡找到源頭。他在《答劉季章》即提
到：「大率江西人尚氣，不肯隨人後，凡事要自我出，自由自在，故
不耐煩如此逐些理？需要立個高論，籠罩將去。譬如讀書，不肯從上
至下逐字讀去，只要從東至西，一抹橫說。看雖似新巧，壓得人過。
然橫拗粗疏，不成義理，全然不是聖賢當來本說之意，則於己分究竟
成得何事？只如臨川前後一二公，鉅細雖有不同，然原其所出則同。
是此一種見識，可以為戒而不可學也。面晤無疑可出此紙，大家評
量。趁此光陰未至晚暮之時，做些著實基址，積累將去，只將排比章
句玩索文理底工夫，換了許多杜撰，計較別尋路脈底心力。須是實有
用力處。久之，自然心地平夷，見理明徹，庶幾此學有傳，不至虛負
平生也。如於雅意，尚未有契，可更因書極論勿遽罷休，乃所望也。」
（見朱熹《晦庵集》卷五十三）

明清之際，一大批反道學的文化人開始反對空談心性、崇尚玄虛的惡劣作風，猛烈抨擊陽明末學專講道德性命、不務實際，束書游談，幾近狂禪，而大力提倡經世致用的實學。清初諸儒對王學空疏的反動，既是時代之大變使其然，同時也構成易代之變在思想領域的重要組成部分和具體表現之一。但在此同時，他們幾乎是習慣性地將明儒之「空疏」與「江右」這一地理和文化空間相聯繫，進而從地域文化的品質方面，對江西文化人加以整體批判甚至是否定，這對雍乾以後江西地方文化的發展產生的負面影響甚大。到道光中期，時任太常寺卿且與倭仁、曾國藩等人有座師之名分的唐鑑編纂《國朝學案小識》，再次對陸王之學加以全盤否定：

……而乃朝謁師而夕思入道，夜入定而旦言明心，貪便喜捷，世態有然，而學術亦有然也。矜奇斗巧，人情多變，而學術亦多變也。於是有新建者，援象山之異，揭良知半語為宗旨，托龍場一悟為指歸，本立地成佛，謂滿街都是聖人。大惑人心，愈傳愈謬；踰閒蕩檢，無所顧忌。天下聞風者趨之若鶩，駸駸乎欲祧程朱矣。生其後者，烏可不挽之於狂瀾，拯之慭胥溺，而任其猖狂恣肆，使斯世盡入榛莽哉？！夫學術非則人心異，人心異則世道漓，世道漓，則舉綱常倫紀政教禁令無不蕩然於詖辭邪說之中也，豈細故耶？！

為之作序的沈維鐈，更是大加撻伐：

……（宋明）以逮國初，諸名賢遞相祖述，所以啟迪人心，昌明世運，燭重昏而發豐蔀，惟其皆以孔孟程朱之道為道，以孔孟程朱之學為學故也。然而異端楊墨，春秋時已有之。黃老於漢，佛於漢晉六朝隋唐，蓋自達摩來中國，明心見性本來面目之說，足以涸中庸未發之真，而惑溺高明之士矣。宋張無垢用宗杲改頭換面之智，始以佛說釋儒書矣。陸象山純作禪機，反以聖傳自任，又假儒書以彌縫佛氏矣。術益精而說益巧，彌近理而大亂真。向非朱子，無以犀照其奸也。迨明道一編朱子晚年定論之輯，則又假朱子以彌縫佛氏矣。姚江提倡心學，專主良知，非聖無法，簧鼓一世。末派直指心宗，猖狂恣肆。猶幸困知之記學部之編，砥柱中流，如一髮引千鈞。而其餘焰，至國初未熄。太沖黃氏以名臣之子任文獻之宗，手輯《明儒學案》，宜如何廓清陰暟，力障狂瀾。而乃祖護師說，主張姚江門戶，攬金銀銅鐵為一器，猶夫海門夏峰也。辨黑白而定一尊，不重賴繼起者大有人在乎？

唐鑑以甄選學人入《學案》的方法，對清代學者加以清理，其中江西人除了顯宦朱軾大得其稱頌外[74]，其餘少有人得以入

---

74 唐鑑似乎是以朱軾為江西學風在清代再造的楷模：「……淘為朱子家法，踐而行之，必實學也。是以平生未登講席，而學者奉為楷模，至今不墜。蓋其真積力久，所以成人即寓於成己中也。……先生嘗寓書聘請錢塘沈位山先生矣。位山，浙之名儒也。位山辭而後別聘，其人必位山匹也。而先生於政治之暇，又時臨講習，諄切開諭，分別勤怠，學有進益者輒加獎勵，不率教者黜之。從此人思策勵，有造有

選。也正因此，到了道光初年，兩廣總督阮元[75]設學海堂於嶺南，為了便利學生讀書，盡出所藏，選刻《皇清經解》一書，總司其事的是門下士江西新建人夏修恕[76]，江西臨川人李秉綬[77]、李秉文[78]任刊刻之勞並出所需經費；阮元所著的《十三經校勘記》，又全屬江西武寧人盧宣旬[79]的力作。這兩部巨著從編輯、校勘到刻印成書，無一不出於江西文人之手，但其中卻沒有收錄任何一種江西文人的著作，因此頗受江西文人之物議，如石景芬[80]就曾向他的學生歐陽熙[81]敘述不滿之情：

> 阮太傅刻《皇清經解》，臨川李氏任剞劂之費，編校則新建

德，西江人文，彬彬日上矣。……」見《國朝學案小識》卷四《翼道學案‧朱軾傳》，〔台〕明文書局 1986 年印行《清代傳記叢刊》本。

75　阮元，字伯元，號芸台，江蘇儀徵人。乾隆五十四年（1789 年）進士，官至體仁閣大學士，加大傅。歷官中外，所至以提倡學術自任，有《揅經室集》行世。

76　夏修恕，字渾初，號森圃，江西新建人，嘉慶七年（1802 年）進士，授翰林院檢討，官至廣東督糧道，湖南按察使。

77　李秉綬，江西臨川人，官都水司郎中，善畫梅竹。

78　李秉文，江西臨川人，官刑部山西司郎中。

79　盧宣旬，江西武寧人，清貢生。古籍目錄皆著錄《重刊宋本十三經註疏》（416 卷，附校勘記）為「阮元撰，盧宣旬摘錄，清嘉慶二十年南昌府學刻本，孫詒讓批校」。

80　石景芬，號芸齋，江西樂平人。道光三年（1823 年）進士，授翰林院庶吉士，精研經學，有詩文集行世。

81　歐陽熙，字元齋，江西豐城人。好聚書，精版本目錄學，所得多傳世罕見有用善本。陶福履多向他借鈔，刊入《豫章叢書》中。著有《榮雅堂詩》，為《四子詩錄》之一。

夏氏：所著《十三經校勘記》，又武寧盧氏之力居多，顧獨無江人一書。詎國朝以來，江人絕無治漢學者歟？

因此石景芬提出「欲輯江人經說為一編」的想法，並囑託歐陽熙多加留意。秉承石氏的意旨，於是歐陽熙肆力訪求江西人的著作，三十餘年間共獲書數十種。最終到光緒十八年（1892 年）時，尤其同學陶福履匯刻《豫章叢書》共二十六種四十七卷，催生了江西第一部地域性的大型叢書。**82**

但是就總體比較而言，自清初諸儒激於晚明王學末流之弊而起，以學經世，到乾嘉學者致力於經史考訂之學，形成清前期中國學術思想界的主流，而江西學人則很少有人介身其中，確是不爭的事實。與此時舉業依然吸引大批江西學子並於功名多有收穫的價值取向，形成明顯的對比。近代著名學者和思想家梁啟超在論述清代考據學派的地理分布時，即指出：

江西與皖、浙錯壤，而學風瓊然殊撰。最可詫者，則清代考證學掩襲一世，而此邦殆無一人以此名其家也。

漢學家言，不為江右人所嗜，吾竟不能舉其一人。而已，則南康謝蘊山（啟昆），以著《西魏書》名，他尚有所撰述，斯界二、三流人物也……

---

82 對這一史事的考證，主要參照王咨臣《陶福履校刊〈豫章叢書〉緣起內容及版本特點》，《江西大學學報》（社會科學版）1980 年第 1 期。

　　梁啟超這些論述的本意，是在梳理清代學術潮流的走向後，引用「進化論」史觀說明考據學何以會被新的思想和治學方法所取代，對人們返觀清代學術走向及其利弊很有好處。[83]但他指出

83　分別參見梁啟超《近代學風之地理的分布》，《飲冰室合集》第五冊，中華書局 1989 年影印本；《中國近三百年學術史》，中國書店 1985 年版。中外學術界對江右王學和陽明後學的研究，在 1990 年代後進入一個發展強勁的新階段。對此發展的回顧，可詳見錢明《陽明後學的研究的回顧與瞻望》一文（《寧波市委黨校學報》社會科學版 2004 年第 1 期)。錢明提到由於清統治者及正統文人對王學的排斥，使許多陽明學者的文集未被收進《四庫全書》，有相當部分還被禁毀，存留於世的文集也散落在海內外各圖書館，致使收藏這些文集最多的日本學者得以長期領導這項研究的潮流。大陸學者在占有資料方面的根本性改變，是在臺灣出版《四庫全書》珍本之後，大陸出版界 1995 年開始陸續完成《四庫全書存目叢書》、《續修四庫全書》、《四庫禁毀書叢刊》、《四庫未收書叢刊》等大型文獻資料的影印。在這些大型叢書中，絕大多數陽明學者的著作都能找到，從而為全面、深入地研究陽明後學創造了基本條件。以此為基礎，錢明才提出對陽明後學的研究已經到了「勇敢超越《明儒學案》」的時候。他還提到：由於江右王學中人的著作絕大多數都存世，近年「已開始轉向對陽明學中最重要的流派之一——江右學派的研究，並且還逐步拓展到對陽明的第二、三代弟子的梳理與考量」。錢文提到有關江西（江右）王學研究的著作有：楊國榮：《王學通論——從王陽明到熊十力》，三聯書店 1990年版；吳宣德：《江右王門與明中後期江西教育發展》，江西教育出版社 1996 年版；林月惠：《良知學的轉折——聶雙江與羅念庵思想之研究》，〔台〕臺灣大學中國文學博士論文，1995 年；李慶龍：《羅汝芳思想研究》，〔台〕臺灣大學歷史所博士論文；吳震：《羅洪先・聶豹評傳》，南京大學出版社 2001 年版；錢明：《陽明學的形成與發展》，江蘇古籍出版社 2002 年版；吳震：《陽明後學綜述》，《國學研究》第九卷，北京大學出版社 2002 年 6 月；呂妙芬：《陽明學士人社群——歷史、思想與實踐》，〔台〕「中央研究院」近代史研究所專輯87，2003 年；吳震：《陽明後學研究》，上海人民出版社 2003 年版；鄭曉江主編：《江右思想家研究》，中國社會科學出版社 2003 年版；

清代江西學者的治學旨趣和學風變化，是很值得注意的：就是當乾嘉考據學派在集中全力批判陽明心學的時候，江西（江右）逐漸失去了自北宋以來至明代中期中國一個文化、思想創造地的地位，而逐漸地被疏離和邊緣化。從另外一個角度看，清代在哲學思想、治學方法等方面的學術流派分野，由此也同時轉化為不同區域的思想文化發展走向問題。這種深刻的變化，對直到近代江西在學術思想的創造方面乏善可陳，文化建設長期後勁不足，學者隊伍弱小的狀態形成，不無深刻影響。

四　李紱的特立獨行及其對王學的倔彊申論

康雍以後，當對心學的聲討日益成為學術主流的強音之時，臨川籍顯宦和著名學者李紱特立獨行，終身以鬥士姿態不畏逆境，恪守陸王學說堅定不移，並在各種場合加以倔彊申論。

李紱，字巨來，號穆堂，江西臨川縣人。康熙十二年（1673年）出生，恰與三藩叛亂的爆發同年。由此也可知，他與前明遺民已是明顯不同的兩代人。在政治態度上，李紱批評明代朝廷腐

等等。錢文尤其推崇吳震近年取得的一系列成果，認為吳著「可以說是近幾年大陸在陽明後學研究領域所取得的代表性成果」。他還提到浙江省國際陽明學研究中心最近開始撰寫一套《陽明學研究叢書》，該項目係2001年度全國社科規劃課題和浙江省哲學社科重大課題，分為十一個子課題，其中《江右王門研究》一書由徐儒宗承擔。另外，對於明後期江右王學影響江西基層社會生活和家族建設的研究，還有梁洪生《江右王門學者的鄉族建設——以流坑村為例》，臺灣《新史學》八卷一期，1997年3月。

敗，讚揚清廷救漢族於水深火熱之中。他援引《春秋公羊傳》「內諸夏而外四裔」，證明儒家可為異族朝廷服務。故在三十六歲時（即康熙四十八年，1709 年）考中進士。又選庶吉士，散館授編修，累遷侍講學士。康熙五十六年充日講起居注官。此後相繼擔任雲南鄉試正考官、武會試正考官、會試副考官。擢內閣學士，歷任吏、兵、工部右侍郎，直隸總督等職。雍正年間獲罪，革職免死，在纂修八旗志書館效力行走。乾隆元年（1736 年）命給侍郎銜，管戶部三庫事，又補戶部左侍郎，仍管戶部三庫。尋因上奏得罪乾隆帝，貶任三禮館副總裁。乾隆六年充《明史綱目》館副總裁，同年六月充江南鄉試正考官。八年，以病致仕，乾隆十五年卒於家，終年七十七歲。

李紱去世後，由著名學者、浙江人全祖望撰寫的《閣學臨川李公紱神道碑銘》，是問世最早的李紱蓋棺之論。[84] 全祖望小李紱三十二歲，全然是後生晚輩，雍正七年（1729 年）貢生。三年後中順天鄉試，而主考官就是李紱，他看到全祖望的考卷，大為賞識，[85]「公於雍正癸丑之冬見子文而許之，遂招子同居。時萬學士孺廬亦寓焉，紫藤軒下，無日不奉明誨，諄諄於義禮之戒。公以丁憂歸，子以罷官歸，學士亦以丁憂歸。是後一見公於

---

84 參見錢儀吉纂《碑傳集》卷二十四《雍正朝部院大臣》（中），周駿富輯，臺灣明文書局 1989 年影印《清代傳記叢刊》本。

85 李紱嘆曰：「此深寧、東發後一人也！」「深寧」即王應麟之號；「東發」為餘姚人黃震之字，黃宗義的遠祖。王、黃二人均為南宋著名學者。

江寧，則公已病甚，猶惓惓以子出處為念」。全氏可謂是李紱的忘年至交，得此機會可以和李紱面對面地切磋學問，相知甚深。所以，他才會在此《神道碑銘》中做如下的表白：「公之歷官事蹟不能悉述，且亦有事秘不能直陳者。然而予苟不言，世且無知者。乃略陳其梗概，然終不能百一也。」其所謂「不能直陳者」，暗指李紱的屢屢獲罪，主要是因為得罪了雍正的寵臣田文鏡，故《神道碑銘》中也只能屢屢以「重臣」代稱當時炙手可熱的田氏而不可盡言。因為對李紱的為人和品行有抵近觀察和切實瞭解，兼之對宋明以來的各家學說有深入把握，所以他可以從學術思想史的高度，對「揚歷三朝，負重望者四十餘年」的李紱棄世之影響，做如下評說：

　　乾隆十有五年，閣學臨川李公卒於家。公以病退已十年，然海內士大夫猶時時探公起居，以為斯道之重。公卒，而東南之宿德盡矣。

　　全氏上承黃宗羲經世致用之學，勤奮攻讀，博通經史，嚴厲批評宋元以來的「門戶之病」，而以「學貴自得，融會百家」為治學宗旨。且其學術根底在陸王之學，所以在程朱理學占據學術主流之時，對李紱的堅守陸王心學大加推崇，而且以具體的言行事例，展現和刻畫了李紱的學識與個人性格：

　　公以博聞強識之學，朝章國故，如肉貫串，抵掌而談，如決潰堤而東注，不學之徒已望風不敢前席。而公揚脩山立，左顧右

盼，千人皆廢，未嘗肯少接以溫言，故不特同事者惡之，即班行
中亦多畏之。嘗有中州一巨公，自負能昌明朱子之學，一日謂公
曰：「陸氏之學非不岸然，特有返之吾心，兀兀多不安者，以是
知其於聖人之道未合也。」公曰：「君方總督倉場而進羨余，不
知於心安否？是在陸門，五尺童子唾之矣！」其人失色而去，終
身不復與公接。

全氏進而說明李紱的學識和個人性格與其恪守的學說之間，
有著密切關係，以此證明李紱是最將學識落實於日常行為的實在
人，故而可以做到無愧無懼：

然其實公之虛懷善下，未嘗以我見自是。予以晚進叨公宏
獎，其在講座，每各持一說與公力爭，有時公亦竟舍其說以從
予。即其終不合者，亦曰「各尊所聞可矣？」故累不語客，嘗予
之不阿。而世方以閉眉闔眼，喔咿嚅唲，伺察廟堂意旨，隨聲附
和，是為不傳之秘。則公之道，宜其所往輒窮也。……生平學道
宗旨在先立乎其大者，陸子之教也。間謂子曰：吾苟內省不疚，
生死且不足動其心，何況禍福？禍福且不足動其心，何況得失？
以此處境，不難矣！予於諸生請業，多述公此言以告之，則泰山
岩岩之氣象如在目前。一念及之，足使頑廉而懦立。

最後，全氏將李紱放到江西歷史文化的長河和氛圍滋養中，
加以比較和考量：

……嘗謂公之生平盡得江西諸先正之裒：治學術，則文達、文安；經術，則盱江；博物，則道原、原父；好賢下士，則充公；文章高處逼南豐，下亦不失為道園；而堯舜君民之志，不下荊公；剛腸勁氣，大類楊文節所謂大而非誇者吾言是也。

　　在《神道碑銘》中，全祖望還記載了李紱存世的著作，計有《穆堂類稿》五十卷、《續稿》五十卷、《別稿》五十卷、《春秋一是》二十卷、《陸子學譜》二十卷、《朱子晚年全論》二十卷、《陽明學錄》及《八旗志書》各若干卷。可謂著述宏富，洋洋大觀，也足見為什麼全祖望會將其視為雍乾之時陸王之學的殿軍和最後一位代表人物。而在此時已經開始的《四庫全書》編纂中，卻只收其《陸象山年譜》二卷、《陸子學譜》二十卷兩種著述入「存目」，而且一再批駁李紱對朱熹晚年的研究是「牽朱入陸」，顯然都未免「伐異」的門戶之見。[86]

　　在存世的李紱著述中，還可找到一批他自己對江西王學傳統

86　《四庫全書》分別收錄此二書於卷六十《史部·傳記類存目二》、卷九十八《子部·儒家類存目四》，見《四庫全書總目》，第 546、830-831 頁。《四庫全書》編者論定《陸象山年譜》為「大旨申王守仁朱子晚年定論之說」，而對《陸子學譜》20 卷的評價頗高，抨擊也較明顯，且又不免帶有地域上的「株連」：「是編髮明陸九淵之學，首列八目，曰辨志，曰求放心，曰講明，曰踐履，曰定宗仰，曰辟異學，曰讀書，曰為政。次為友教，次為家學，次為弟子，次為門人，次為私淑，而終之以附錄。考陸氏學派之端委，蓋莫備於是書。惟其必欲牽朱入陸，以就其晚年全論之說。所列弟子如呂祖謙之類，亦不免有所假借，是則終為鄉曲之私耳。」

的論述與見解，譬如康熙後期為南康人干特撰寫的《敕封文林郎恩貢生干先生墓表》[87]，不僅對其朱子晚年與陸子合同之說加以敘述，而且對入清以來堅持王學的文化人有簡要梳理：

> 有宋象山陸子，蓋直接孟子之傳者也。鹿洞之講，朱子固已率同志奉其說為入德之方，至於晚年，全用陸子所稱尊德性求放心之法，遺書具在，可考也。自明初以科舉取士，經書束以一家之訓，士習益偷苟，時文講章外懵無所識。其黠妄者偶聞朱陸有異同之論，乃輯其異，去其同，排陸尊朱，藉以希世取寵，曰吾以尊功令，不知陸子固與周、程、張、邵諸子並從祀孔廟功令，尊朱未嘗排陸，此之不知欲以論學，妄也甚矣！明之中葉，王陽明先生曾一開示，重陰暫明，久而復晦。蓋舉業之士知為學者，萬不得一，固也其難明也。國朝隆興，士多實學，若孫鍾元、彭躬庵、李二曲、黃梨洲、湯潛庵諸先生，皆能窺尋此旨，其卓然

---

87 《敕封文林郎恩貢生干先生墓表》收錄於《穆堂初稿》卷二十八，其中提到「康熙乙未歲四月，（干特）微疾，言十四日吾當終，至期果然，年七十」，故該墓表應撰於康熙五十四年（1715 年）以後。《高安縣學吳君墓表》亦收錄於《穆堂初稿》卷二十八，未註明確切撰寫時間，但其中提到「君卒於康熙癸巳，距今二十年，其孤學山始以狀來，乞余文表君墓」。據此推算，撰文時間應在雍正十一年（1733年），那年李紱正好 60 歲。且在此文中，李紱正好將干、吳二人加以聯繫和比較，認為即使當時在江西也難能可貴，特加推崇：「吾當以其學求之於今，蓋三十年而後，知有南康干達士先生。既為文表其墓矣，未幾乃又知有高安吳君豐玉，蓋君所求之三十年而不得者，忽得二人焉，豈不異哉！」

不惑於流俗，則干先生為尤難焉。

又如至雍正十一年（1733 年）所撰之《高安縣學吳君墓表》，當更體現年屆花甲的李紱之思想見解，且見其激憤心情較前文更有過之：

聖人之道，固有行之而不著者，未有不行而能知者也。不行而知是明道，程子所謂望塔說相輪者也。自元明以來，科舉法行，而後天下乃有不行之知，士子誦四子書，粗識其影響，依仿摩擬作詩文，為饜足富貴利達之具。其於聖人之道，終身未嘗行亦終身莫能知，徒以粗識其影響也。遂自以為知，反藉以謗訾昔人能行之而具知之者，磨牙吮血，若國狗之瘈，不可嚮邇。噫嘻，何其妄耶！夫能行之而真知之者，宋南渡以來，無若像山陸子。……君居家善事父母，喪祭盡哀敬。病世俗禮廢，搜《禮》經昏祭說為圖解，率宗黨行之。讀書外無他嗜好，晚尤好陸子書。嘗有友人勸陳說貽札言陸子近禪異於朱子者，君方食，投箸起，走筆數百言答之，謂陸子於朱子，惟論太極無極啟異同之爭耳，他如與傅子淵、陶贊仲、戴少望諸書，皆教人切實用功。其論禪，則與王順伯兩書具在，陸學焉可誣也？至於與趙監勾熙載諸書，並推服朱子。而朱子聞陸子義利之辯，天寒汗出，且請筆之於簡，為學者入德之方。兩公何嘗異哉？其生平持論若此，非常行之，烏能知之？

朱熹晚年是否與陸九淵「合同」，倘若在治學空氣開放之

時，不過為見仁見智之一說。但在雍乾之世對陸王之學的一片圍剿聲中，李紱的倔彊申論就不僅僅侷限於學術之爭，而更表現出他的政治道德和為人的品行不同凡響。與晚年李紱同時而並無深交的著名文人袁枚，曾寫《內閣學士原任直隸總督臨川李公傳》一篇[88]，其中就詳細描寫了全祖望當年「不能直陳」的李紱與田文鏡之抗爭，以及由此帶來的遭難場面：

（清）世宗登極，復原官，侍講經筵，眷寵特隆。時九門提督隆科多、撫遠大將軍年羹堯俱貴顯用事，九卿六曹唯喏恐後，而公獨與之抗，無所撓屈，出為廣西巡撫。未二年，召為直隸總督，路過河南。河南總督田文鏡勢方張，冒整飭吏治為名，一疏輒劾十餘員，半皆科目。公乍視，揖未畢，即厲聲曰：明公任封疆，有心蹂踐讀書人，何也？田不能堪，即密以公語奏。而公於覲時亦首劾田文鏡負國殃民，漏三下，猶侃侃未退，退又連章糾之。世宗頗直公言，將斥田，而田亦再劾公乖張數事，遂兩有所猶豫未決。會蔡尚書珽得罪，素與公善，忌公者因以朋黨中之。世宗震怒，下公於獄，命直隸、廣西後任督府摭公罪狀。二臣希上意，互有奏聞。於是下刑部訊鞫，得應絞者十有七，應斬者六，共死罪二十有四。籍其家，四壁蕭然，夫人所戴釵珥，悉銅

88　載《小倉山房續文集》卷二十七，收入沈雲龍主編《近代中國史料叢刊》第七十八輯。袁枚與趙翼、蔣士銓並稱乾隆三大家，活躍於詩壇40餘年，有詩4000餘首，繼明代公安派、竟陵派而持「性靈」說，故其對李紱的佩服和欣賞，當有深層的力主心學的思想基礎。

器也。世宗知公諫，本無意誅公，特惡其倔彊，故摧折之，冀稍改悔。兩次決囚，命縛公與蔡珽同至菜市，兩手反接，刀置頸問：此時知田文鏡好否？公奏：臣愚昧，雖死不知田文鏡好處！乃宣旨赦還，仍囚獄中。

袁枚對李紱人品的記載和讚賞，比全祖望更為詳細生動，也更可助於後人體會宋明以來，外省籍人時時所指的江西人「尚氣」可以是怎樣的舉動：

公揚休山立，鬚眉偉然，終日無跛倚之容。於古今事宜朝章典故，口滔滔如傾河，千夫奪氣。又絕少溫顏曼詞與人諧際，以故滿潮文武望而畏之。然愛才如命，以識一賢拔一士為生平大欲之所存，形跡嫌疑，漠然不計。庚子、辛丑兩科，仿唐人通榜故事，一時明宿網絡殆盡，而毛燥不第者至袖瓦石相隨，填公門幾滿，以此奪職，公終不以為非。

公博聞強記，藏書五萬卷，手加丹黃，其宏綱巨旨，都能省記。刑部郎中楊某欲試公，故意於押赴市曹時探問經史疑義，公對赭衣白刃，應答如流。楊退而告人曰：李公真鐵胎人也！

李紱雖然喜好辯朱陸異，但他一向都不以理學家自居，而且在講論為學諸多問題上，並不完全附和陸王之學。他之所重於心者，亦不過曰躬行心得而已，對王學的空談心性深存戒心。李紱以躬行實踐為行事指導準則，批評朱子以讀書講論為學，但自己

並非束書不觀、游談無根者流，而是博聞多識，言必有據，頗似乾嘉考據學者之所為。李紱一生學術生涯大致可分為三個階段：中年以前致力於辭章；此後至雍正五年（1727年）被罷官間的二十年裡，精力主要放在社會政治；在最後的歲月裡，李紱主要從事學術研究。李紱去世後十八年，他的著述因為戴名世案而遭封禁。

清代道咸以後，一些文化人對李紱的學問和人品的評價逐漸提高，如同治五年（1866年）李元度撰寫《國朝先正事略》六十卷，其序文中即對包括唐鑑在內的考據學家提出批評，認為其「攻擊陸王太過，未脫講學家習氣，宗之者彌甚焉」。「深致鄙夷，其亦門戶之見而已矣」。故主張「不分門戶」之說，並收錄李紱於「名臣」中，以表彰「忠義之卓著」者。到民國以後，梁啟超對李紱的評價甚高，更對其人品極表欽佩：

雍乾之交有一大師，曰臨川李穆堂（紱）。穆堂日私淑其鄉先正歐、曾、王、陸之事業道德文章，當欲以一身肩其緒。居官岳岳然屬風節，奮身任艱巨。為文滂沛而淵懿，其學則專宗陸王。當時陸王學為世詬病，其屹然作干城者，穆堂與全謝山而已。

穆堂並未嘗以講學自居，然其氣象俊偉，純從王學得來，他歷任康雍乾三朝，內而卿貳，外而督府，皆經屢任，他辦事極風烈，而又條理縝密，但賦性伉直，常觸忤權貴，所以一生風波極多，暮年卒以錮廢終，而其氣不稍挫。……凡豪傑之士往往反抗時代潮流，終身挫折而不悔，若一味揣摩風氣，隨人毀譽，還有

什麼學問的獨立。明末王學全盛時，依附王學的人我們覺得可
厭；清康雍間王學為眾矢之的，有毅然以王學自任者，我們卻不
能不崇拜到極地，並非有意立異，實則個人品格，要在這種地方
才能看出來。清代「朱學之流」——所謂以名臣兼名儒者，從我
們眼中看來真是一文不值，據我個人的批評，敢說清代理學家陸
王學派還有人物，程朱學派絕無人物，李穆堂卻算是陸王學派之
最後一人了。**89**

89　梁啟超：《中國近三百年學術史》，中國書店 1985 年版。到錢穆先生
　　1937 年撰寫《中國近三百年學術史》（商務印書館 1997 年版），對
　　李紱的評價更高，專門為其撰寫學案。1990 年代以來，國內外學術
　　界對李紱的研究也在升溫，由此也反映出學術界對清代學術思想與文
　　化史研究的一個新走向。除了一批專題論文外，比較有影響的專著有
　　兩部：第一部是〔台〕黃進興《十八世紀中國哲學、語言學和政治：
　　滿清統治下的李紱及陸王學派》，1995 年劍橋大學出版，余英時序。
　　黃著即其在美國攻讀博士學位的論文，共分七章，是一部很見分量的
　　重評之作。黃評價李紱的「致知」觀融會了王陽明以前全部理學的長
　　處，評價李紱是「涵蓋歷史、禮儀、地理、詩學、古典和創作，堪稱
　　百科全書式的哲人」。因此黃還對李紱沒有在《臨川文化史》（羅傳
　　奇、張世俊主編，廣東高等教育出版社 1993 年版）中專門占一章節
　　頗抱不平。但在其後黃作出的兩種原因解釋中，「無奈大陸過度推崇
　　晏殊、李覯、王安石和湯顯祖，雖以專節介紹陸九淵與羅汝芳，而僅
　　於附錄《四庫全書》著錄中臨川區域學者遺書鈔目中提及臨川李紱著
　　儒家類兩書」，此說比較符合 1990 年代前後的江西實際；而其後所謂
　　「必因穆堂父親是安徽歙縣人，編者可不當李紱為江西人吧」，則純屬
　　個人臆斷了（詳見王煜《評介黃進興〈十八世紀中國哲學、語言學和
　　政治〉》）。在江西和撫州做地方歷史文化研究的學人中，可能曾因李
　　紱力守王學立場而對其缺乏應有的關注，但從來沒有人將李紱視為徽
　　州人而不將其置於「鄉賢」之列，這種臆斷也和清代以來歷修《臨川
　　縣誌》的記載不相吻合。第二部著作，是楊朝亮著《李紱與〈陸子學
　　譜〉》，中國社會科學出版社 2005 年版。該書也是作者的博士論文，

第三節 ▶ 清前期江西的邪教案和文字獄

一　江西境內的邪教及大乘邪教案

1. 清前期江西邪教概況

在南宋以來的傳統社會，官方將那些在下層民眾之間祕密傳播的非正統宗教性的民間祕密教門稱為邪教。

江西邪教自南宋興起，元代得到緩慢發展，在明初得到較快發展，多以白蓮教及其支派為主，活動範圍集中在北部和南部。較為典型的有：一一三〇年，王唸經利用摩尼教（明教）在貴溪發動二十多萬農民反抗饒州和信州知府殘害民眾的行為。一二八〇年，都昌縣人杜萬一領導數萬白蓮教徒反抗元朝的統治。一三三八年，袁州彭瑩玉、周子旺領導五〇〇〇多白蓮教徒反抗元朝的統治。一三八五年，廣州周三官領導萬餘白蓮教徒越過江西、廣東交界處的梅嶺，攻占龍南、信豐、雩都等縣。[90]一四四九年，龍南縣蔡妙光借白蓮教聚眾二〇〇餘人，自稱天生帝王、東殿國王等號，攻破龍南縣城。同年，南安府白蓮教徒羅天師自稱

其第一章中還對李紱的生年進行了考辨。針對李紱生於康熙十二年（1673 年）、十三年、十四年三說之歧異，作者以康熙十四年說為合理，認為李紱卒於乾隆十五年（1750 年），享年應該是 76 歲而不是78 歲或 77 歲（詳見林存陽《清代陸王學研究的一部新作–楊朝亮著《李紱與〈陸子學譜〉》紹析》，中國社科院歷史研究所清史學科網，2006 年 6 月 18 日刊文）。

90　參見許懷林《江西史稿》，第 343、418、421、422、464 頁。

彌勒佛，聚眾起事。[91]一五六九年，瑞金縣有人借白蓮教、紅蓮教之名，發動民眾鬧事。[92]一六三八年，鉛山縣張普微領導無為教徒攻占鉛山、弋陽、貴溪等地。[93]

清代是邪教的盛行期，教門多達二一五種[94]，共發生邪教案件四九二起[95]，江西是其中較為突出的地區之一。清代江西邪教隨全國形勢一道不斷發展壯大，以至在清末頻繁發生反抗活動和騷亂活動，傳播路線由北部向中部再向南部和由西部向東部，活動範圍集中在鄱陽湖沿岸及南部山區，清代中後期則多從福建、廣東傳入。先後出現過白蓮教、紅蓮教、無為教、羅教、三乘教、真空教、一字教、齋教、大乘教、瑤池教、金丹教、青蓮教、紅教、黃教、白教、密密教、老母教、真空教等[96]，其中大乘教尤為活躍。

江西邪教在清初處於低潮，康熙後期重興。康熙四十一年（1702 年），江西瑞金彭兼六組織佃戶，編造檄文。次年，彭氏聯合黃淑行兄弟四人利用密密教，「聚眾燒香，夜聚曉散，據田抗租」，創「退腳」之說，即田主如奪田另佃，需每畝賠償一兩

91　參見濮文起《中國民間祕密宗教辭典》，四川辭書出版社 1996 年版，第 439 頁。
92　參見民國《江西通志稿》卷四〇，第 83 頁。
93　參見民國《江西通志稿》卷四〇，第 87 頁。
94　參見蔡少卿《中國近代會黨史研究》，中華書局 1987 年版，第 5 頁。
95　李尚英、宋軍：《明清時期的民間宗教》，載周積明等主編《中國社會史論》(上)，湖北教育出版社 2000 年版，第 378 頁。
96　參見民國《江西通志稿》卷四〇，第 83-88 頁。

「退腳銀」。[97]

雍正年間，江西等省有許多從事漕運的水手加入羅教。一七二三年，刑部尚書勵廷儀上奏：「浙江、湖廣、江西等省眾多水手加入羅教，信教者飲雞血，姓名編入冊籍，並私自儲存兵器，定期聚會唸經，時常聚眾起事。」[98]一七二五年，浙江按察使甘國奎奏報破獲邪教，江西也有教首。[99]一七二九年底，巡撫謝旻奏稱「南安、贛州、吉安、瑞州、南昌、撫州等府查有王耀聖等一二三人，僧人海照等六十八名」傳習羅教，又稱大成教或三乘教。繳獲《淨心》、《苦工》、《去疑》、《泰山》、《破邪》等經卷。經卷雜引佛道思想，湊集成文。鑒於「在城者習手藝，在鄉者務耕作」，所以沒有律法處置，而是勸善歸正。[100]一七三〇年，在贛縣、尋烏、樂平等地收繳「羅祖五部經」等二〇〇餘卷，江西全境共搜獲九七〇多部。

乾隆年間，張保太（張寶泰）的最上一乘教傳入江西南部。一七三九年，兩江總督那蘇圖奏及西南地區和湖廣、江西、江蘇、河北、山東等地廣泛流傳著以張保太為教首的祕密教門系統。「近年以來，弊風稍戢，不意贛屬之龍南、信豐二縣又有鍾

97 參見道光《瑞金縣誌・兵寇》卷十六，第 466 頁。

98 林鐵鈞、史松主編：《清史編年》第四卷，中國人民大學出版社，第 49 頁。

99 參見雍正三年七月初九日浙江巡撫印務按察使臣甘國奎折，江西師範大學古籍部藏雍正《硃批諭旨》第 18 冊，第 1089 頁。

100 參見雍正七年十二月六日江西巡撫謝旻折，江西師範大學古籍部藏《史料旬刊》第二期，第 1 頁。

大喬、鍾賢書等妄將滇省案犯張保太所倡邪經轉相傳誘，名曰『最上一乘教』，以滋愚惑」[101]。一七四八年，巡撫開泰查緝在宜黃縣作關帝會、歃血散札的饒令德、饒三超、蕭其能、唐維瑞等人。[102]一七五二年，廣東長樂縣人何惡四(何亞四)在上猶縣組織白蓮教徒尊崇湖北馬朝柱為「祖師」，聚眾鬧事，[103]後被擒獲處決。一七八一年，從奉羅祖邪教的沈本源被拿獲，搜出「悖逆」經卷，此經捲得自寧都人詹明空。同年，拿獲傳教惑眾的廖景泮等人。廖景泮是贛縣人，自幼吃齋，收贛縣人邱德偉等為徒，傳授三皈五戒，發放佛諭，係傳自羅祖三乘正教。一七九一年，拿獲設教頌經、斂錢惑眾的新城縣人張允智。張的師傅許作信曾設立龍天門教，許病故後其徒黨解散了；而張允智因窮苦無聊，於是興教騙錢，聚會唸經。[104]

　　嘉慶年間，教門向祕密會黨發展的趨勢開始顯現，發生外省徒眾潛入江西擾亂民眾的事件。一七九八年劉聯登、宋懷朴、魏文宗等人從湖北通山縣潛入修水縣劫財。[105]一八〇四年，拿獲豐城縣吳錦榮，吳在湖北竹山縣經商時曾被脅迫面刺「白蓮教」三

101 凌燽：《再禁齋教惑眾》，中國社會科學院歷史研究所清史研究室編《清史資料》第 3 輯，中華書局 1982 年版，第 214 頁。

102 參見邵鴻主編《〈清實錄〉江西資料彙編》，江西人民出版社 2005 年版，第 188 頁。

103 光緒《江西通志·訓典》卷首之二，第 8 頁，「乾隆十七年十月癸巳」條。

104 參見邵鴻主編《〈清實錄〉江西資料彙編》，第 362、364、438 頁。

105 參見光緒《江西通志·訓典》卷首之三，第 3 頁，「嘉慶六年三月己亥」條；同治《義寧州志·武備志·武事》卷一十四，第 209 頁。

字，嘉慶仍以吳不自行毀除而治吳不銷毀之罪，責打三十大板。[106]一八〇九年，福建紅蓮教徒廖善慶在信豐、會昌、安遠、龍南、尋烏、定南等縣傳教，糾集教徒搶劫安遠縣陳文炳家，知縣陳天爵帶團練捕獲五十餘名教徒。[107]一八一五年，阮元擒獲朱毛俚徒黨。這些徒黨造作龍文憑票木戳，立後明晏朝年號，封胡秉耀等人官職。朱毛俚本人直到一八三三年仍未拿獲。[108]

2. 清前期江西大乘邪教案

明成化、正德年間，羅夢鴻在直隸創立羅教，又名無為教。此後羅教的快速發展，引起官府的重視，多次遭到查禁。為此，羅教為逃避查禁，先後發展出老官齋教、餈粑教、三乘教、金童教、龍華教、大乘教等教門。江西的大乘教發端於雍正十年（1732年）黃德輝在南昌建立齋堂，創立三皇聖祖教，即圓頓大乘教，又稱金丹道、白陽會。黃德輝，又名廷臣，本名上選，字榮萬，饒州府鄱陽縣人，創教後自稱天老爺、黃太師。其兒子黃森官自詡為「紫微星」，與黃雨珍、熊簪舉、周簪鳳結為生死之交，集中在南昌和浙江、江西、福建三省交界處的封禁山周邊散賣箚付。雍正十二年，浙江、江西等地查獲三皇聖祖教，黃森官等十五名教內骨幹被官府逮捕。隨後，江西繳獲「羅祖五部經」

---

106 參見光緒《江西通志・訓典》卷首之三，第9頁，「嘉慶九年九月壬寅」條。
107 參見同治《贛州府志・武事》卷三十三，第589頁；同治《安遠縣誌・武事》卷五之二，第456頁。
108 參見邵鴻主編《〈清實錄〉江西資料彙編》，第592、598頁。

等九七〇部。黃德輝因不是首犯而被免罪，而事實上作為教主的黃森官被處死。

　　大乘教的另一支以貴溪縣吳子祥（吳紫祥）為教首。吳子祥生於康熙五十四年（1715年），先入姚門教，後信從大乘教。他於乾隆四十八年（1783年）自編《大乘大戒經懺》及齋單，每次作會以盤裝果品供神，名為「齋盤」。齋盤分別由吳子祥族侄吳清遠及四位弟子分掌，即吳清遠掌聖盤、何若掌天盤、徐步瀛掌地盤、張連發掌人盤、萬興兆掌神盤。五盤之中，以聖盤為首，故又稱五盤教。吳子祥在五盤之上，統一指揮。次年，吳子祥病故，後被先天道和一貫道徒尊稱為「十祖」。[109]

　　吳子祥死後，五位掌盤繼續傳教。嘉慶五年（1800年）吳清遠被官府逮捕，發配黑龍江為奴，而徐步瀛、萬興兆又相繼病故。此後，大乘教主要發展為三支：一是吳氏嫡派之五盤教，後由何若接傳；一是江西萬年人葉益章傳至貴溪縣人張起坤，後向江西北部、湖北、江蘇發展；一是福建人李凌魁接傳，李凌魁設陰盤教、陽盤教，後與天地會發生聯繫。[110]其中，李凌魁這支的活動聲勢和影響較大。

　　李凌魁，本名李昌標，福建建寧縣人，捐納州同，乾隆年間一向在南昌開設紙行，早年與吳子祥交好。吳子祥告訴他，若入

---

109 參見濮文起《中國民間祕密宗教辭典》，第336頁。
110 參見馬西沙《中華文化通志·宗教與民俗典·民間宗教志》，上海人民出版社1998年版，第151頁。

教吃齋便可消災祛病。乾隆四十七年（1782 年），吳子祥將《恩本經》傳授給李凌魁。乾隆末年，李凌魁回到福建後，大量抄寫《恩本經》，騙人購買唸誦，陸續賣出十餘本，共得番銀五十餘元。嘉慶六年（1801 年），李凌魁、鄭得源、高廷彩與浦城人溫有龍的徒弟吳韜（吳滔）結識。李、鄭、高三人皆拜吳韜為師，加入天地會。吳韜在崇安縣向李凌魁等人傳授「出手不離三，開口不離本」、「吃煙取物都用三指向前」等暗號。李凌魁考慮到天地會在本地查禁嚴緊，想起吳子祥經本內有陰陽語句，於是另創陰盤教、陽盤教，暗藏天地會之意。李凌魁宣揚加入陰、陽盤教可以防治疾病，於是一些因病困擾的民眾相繼加入，如李京祿、廖義明、姚發和姚京元兄弟等。李凌魁收徒遍及江西、福建。嘉慶八年，他在教徒中自稱唐天子轉世，向徒眾傳授秘訣：「天空降下一炷香，一半陰來一半陽。若得陰陽歸一處，寅卯時中坐朝堂。」李凌魁還在教徒中宣稱在嘉慶乙丑年（1805 年）同教將會有難，預謀與其徒眾石城縣廖干周、李奇天，寧都縣李步高、胡儀書、王定珍，廣昌縣賴達忠等人起事。[111]但在嘉慶八年，李凌魁被建寧縣知縣謝壇抓獲，被押往福建省城受審，被斬決。隨後，廣昌縣知縣彭運昌、南昌府知府楊煒、瑞州府知府彭應燕等將李凌魁的徒眾姚發、姚京元、劉正舉、魏正華、符顯榮、符順能、符保觀、符奇生、廖義明等人抓獲，這些人受到不

---

111 道光《直隸州志·武事志》卷十四第 222 頁記載廖干周為廖廣周、李奇天為李奇文、王定珍為王亭軫。

同程度的懲處。

　　李凌魁的徒弟廖干周、李奇天、賴達忠、李步高、胡儀書和王定珍等人在得悉李凌魁遇害後，欲為李報仇。嘉慶八年在石城、瑞金、廣昌、寧都等地，廖干周等人率領大乘教徒反抗當地官府。

　　起事前，廖干周與貴溪縣老母教教首、玉山縣人王添組(王添祖、王瑞忠)取得聯繫，懇求王的援助。王添組是吳子祥的徒弟何若的徒弟，自稱彌勒佛轉世，閉目打坐能知過去、知未來，人有災難時從教吃齋就可解救。王添組念及李凌魁是吳子祥之徒，有同教之緣，且廖干周同意事成之後封他為貴溪縣正一真人，住上清宮，所以欣然與廖干周等人合作。於是，廖干周等人製造書寫著「唐天子」和「瑞忠法中皇」等字樣的旗幟。「唐天子」是指李凌魁，「瑞忠法中皇」是指王添組，以隱示打著李凌魁的旗號，有彌勒佛王添組的暗中幫助。廖干周回到廣昌後，加緊準備反抗官府的活動。廖干周的徒弟徐先保招集三四〇餘人，賴達忠之徒賴漢魁招集三〇〇餘人，李步高之徒溫志貼招集二〇〇餘人，王定珍之徒官茂文招集二八〇餘人，李奇天之徒李鸞高招集二〇〇餘人，胡儀書之徒陳順明招集二〇〇餘人，加上杜世明、寧金鰲等人招集的徒眾，共一五〇〇餘人。為便於識認和聯絡，他們以朱（紅色）畫三 X 白布包頭為標誌，製造了起事的如意、圖書、號票、旗幟等，打造了一些兵器，如矛槍、竹槍、短刀、大刀等。眾人推舉廖干周為大總管，賴達忠、李步高、王定珍、胡儀書、李奇天等為大頭目，他們的徒弟徐先保、賴漢魁、溫志貼、官茂文、李鸞高、陳順明等為將軍。他們決定

在十月十二日亥時，即「癸亥癸亥癸酉癸亥萬水朝宗」之時，豎立唐天子旗號起事。議定廖干周、李步高、賴達忠等人在廣昌、寧都、石城和福建交界之姚坊祭旗起事，李奇天等在各自所住村莊豎旗集眾，前往接應。同時，議定先攻打廣昌的驛前堡作為大本營。

然而自十月初八以來，石城等地連降暴雨。道光《石城縣誌・藝文志・雜著》載：「連日大雨如注，山水陡發，道路不通」；道光《直隸州志・武事志》載「雷電交作，雨三晝夜」。李奇天、胡儀書、王定珍等人率領的廣昌、寧都、瑞金等地徒眾，被大雨及路壞所阻，未及時會集。只有廖干周、李步高、賴達忠等所率領的四〇〇多人準時到達姚坊。廖干周等人於十月十二日亥時在姚坊村姚姓宗祠祭旗時，旗杆被狂風吹斷，徒眾認為此乃不祥之兆，想另行擇日起事。而此時，驛前堡紳耆士庶已探知他們起事的消息，紳耆廖皆堂在前幾日就報告了官府。於是，廣昌縣知縣彭運昌、廣昌營都司葛士偉等帶領大隊官兵、鄉勇及團民雨夜沿途設卡，嚴密防範。廖干周等人在猝不及防的情況下，倉促應戰。十三日凌晨，廖干周等帶領陸續趕來的四〇〇餘名徒眾，吹響海螺，向元豐上裡新坊村發起了進攻，同官兵展開激戰。起事徒眾部分在張子祥、吳興廷的率領下暫駐柳家莊，部分在陳錫如、陳祥珍帶領下暫守嶺下排，餘部在廖干周的帶領下駐黎田江村。十月十一日，廣昌縣知縣彭運昌帶領葛士偉等官兵，在姚坊殲斃賴達忠等五十七名，生擒賴漢魁等一〇四名，其他的起事者逃竄。各卡鄉勇遇有白布裹頭及收藏號票、旗幟之人，都予以截拿，又殲斃二六三名起事者，陸續抓獲送官的有二

十三名。而寧都、石城被雨所阻的人，有的前往姚坊，有的中途潛回，有的在村中豎旗即被族鄰查知，各路人員不能互通聯絡，難以照應。官府在寧都州殲斃二五六名，陸續抓獲送官者三一八名；在石城縣殲斃三六〇名，陸續抓獲送官者一二九名；在瑞金縣抓獲十名；在永豐縣抓獲六名；在福建建寧縣抓獲一名。江西巡撫秦承恩派瑞州府彭應燕趕往廣昌縣督辦，並要求贛州鎮副將花連布派兵二〇〇名交給贛南道蔣攸銛帶領，前往寧都、石城等縣進行鎮壓。寧都州人胡儀書被官府殺斃後，李奇天也於十月十三日被族人押送官府，其他千餘名「匪犯」也被抓獲。[112]廖干周率領的徒眾在廣昌驛前堡遭到鄉勇的夾擊，廖干周被打死，其他起事者黃會連、陳協中、李利波、李朝光等也被抓獲。終因寡不敵眾，十一月底起事徹底失敗。[113]

3. 江西邪教流播的原因

邪教的流播與地理環境、經濟利益和小農經濟的脆弱性、政治制度和官僚體制的缺陷、身分控制的弱化和人口流動的增強、寶卷的通俗性和教門的適應性等因素有關。

仔細研究清代江西境內邪教的地理分布情況，不難發現以下

---

112 參見道光《瑞金縣誌・兵寇》卷十六，第 467 頁；道光《寧都直隸州志・武事志》卷十四，第 222 頁；同治《建昌府志・武備・武事》卷五，第 192 頁；同治《南城縣誌・武事》卷五之五，第 278 頁；同治《廣昌縣誌・歷代兵事》卷一，第 264 頁；秦寶琦：《洪門真史》，福建人民出版社 2000 年版，第 85-87 頁。

113 參見曹國慶、卞利《試論嘉慶八年江西廖干周起義》，《江西師範大學學報》（哲社版）1987 年第 1 期。

兩個事實：

一是多起源或盛行於交界地帶。這是因為交界地帶官府控制力量相對薄弱，行政設置相對滯後，容易處於「三不管」狀態。同時，交界地帶的人員跨境流動比較頻繁，有利於傳教。

二是傳教路線為由北部經西部至南部或由北部經東部至南部，較少經過贛中；多是通過陸路，很少利用水路。原因有三：其一，江西西部和江西東部多屬山脈和丘陵地區，與他省交界，交通十分不便，政治控制力較弱；而江西中部地區，多屬丘陵和平原地區，交通相對便利，政治控制力相對較強。其二，江西西部和江西東部山區陸路更容易隱藏，江西中部以贛江為主的水路，有許多關卡，很難逃脫官府的盤查。其三，江西處於腹地，由於羅霄山脈的阻隔，陸路還未完全打通，所以很少發生在與湖南交界的安福等地；由於武夷山區的阻隔，陸路還很少發生與福建省交界的黎川等地，而多發生在兩省或三省交界且有陸路可通的鉛山、修水、寧都、廣昌等地。對於這種印象和規律總結，江西官府也是不斷地強化，如江西巡撫胡寶瑔認為：「由贛南、吉安等府至臨江、瑞州，復由南康至九（江）饒（州）等府，今又自北東而南，由撫州查至建昌，查該府與閩省汀州接壤，其地與贛州、寧都各屬壤界交錯，多係山谷溪河，崎嶇盤曲，更非驛路通衢可比，稽察稍有未周，奸匪易為藏匿。」[114]江西巡撫、吏部侍郎邁柱認為：「江西南安、贛州一帶，緊逼閩廣交界之區，最

---

114 乾隆二十年九月十四日江西巡撫胡寶瑔折，《史料旬刊》第10期。

易藏奸。又鄱陽湖一帶，湖面渺茫，奸匪保無出沒。至萬載、寧州十數州縣，俱系聚集棚民流匪，素好多事。」[115]吳文鎔在查拿崇義、長寧（尋烏）等地匪犯時指出：「江西南安府所屬地方多與湖南、廣東連界，贛州府所屬地方則多接壤廣東、福建。」[116]

落魄知識分子借抄賣寶卷贏取銀兩，貧病民眾期望入教而免病獲福，社會無賴則借傳教而贏得教內官職。如黃森官因開店折本，無法維持生計，於是在南昌創設齋堂；吳子祥賣《恩本經》賺錢；吳士榮散賣箚付賺錢；姚文宇因傳教而發財；葉益章傳徒張起坤而得錢；張起坤傳徒王桂林等人而得錢；李凌魁開設紙行未賺到錢而抄賣《恩本經》獲利；姚發等人希圖加入李凌魁的陽盤教而治好疾病；吳韜為免受欺凌而拜溫有龍為師。

康雍時期開始推行「攤丁入畝」和「地丁銀」政策，放鬆了人身控制，刺激了人口增長，使得更多的民眾可以從事經商、唱戲、理髮、運漕、裁縫等行業。在大乘教傳播過程中，就存在許多流動現象，如：黃德輝從鄱陽到南昌，黃森官從豐城到南昌，鄒英士從宜黃到南昌，吳士榮從玉山到南昌，胡海濱從貴溪到南昌，姚文宇從浙江慶元到武義，張起坤從貴溪到湖北，王桂林從臨川到鄱陽，桂自榜從湖北黃陂到江蘇儀征，李凌魁從福建建寧到南昌，高廷彩從南豐到福建建陽，王添祖從玉山到貴溪，廖干

---

115 雍正五年三月十九日江西巡撫吏部侍郎邁柱折，雍正《硃批諭旨》第 53 冊，第 66 頁。

116 吳文鎔撰、吳養原輯《吳文節公遺集》卷十四，第 371 頁。

周從石城到廣昌，吳韜從邵武到蒲城，等等。江西巡撫、吏部侍郎邁柱也曾指出：「萬載、寧州十數州縣，俱系聚集棚民流匪，素好多事。」[117]

為了避免官方的查禁，各教門經卷故意隱秘難懂，「充滿神祕色彩，藏頭露尾，隱語暗迷，真假摻雜，錯別字、代用字和文理不通現象較多，很難理順」[118]。但總不能讓教徒不懂其中意思，於是教首採取民眾喜聞樂見的曲調式歌唱、誦讀、識圖等形式，如「天空降下一炷香，一半陰來一半陽。若得陰陽歸一處，寅卯時中坐朝堂」；甚至舉行一些俠義類的儀式，如殺雞飲血酒、盟誓等。有些教門還以設齋作會、借廟誦經的名義，試圖藉助官方許可的場所而取得民眾的認可，進而融入民間社會，如：紅蓮教按仁、義、禮、智、信來編五個教團，欲藉助「團」的名稱掩藏其組織的非法性；[119]黃森官自稱彌勒佛下凡，借佛教信仰中的吉祥佛，讓民眾對今後生活充滿希望；等等。江西巡撫常安曾指出一些教徒借傳統道德騙人：「……此等人始則勸人行善，或云報答天地之德，或云報答父母之恩，以致無知村愚不論老幼男女，靡然傾信，繼而集人眾，遂有不法之徒於中取利，久而眾生心，輒謀不軌。」[120]

---

117 雍正五年三月十九日江西巡撫吏部侍郎邁柱折，雍正《硃批諭旨》第53冊，第2頁。

118 宋軍：《清代弘陽教研究・序》，社會科學文獻出版社2002年版，第3頁。

119 參見民國《萬載縣誌・武備・武事》，卷七之二，第301-302頁。

120 雍正十二年九年初一日江西巡撫常安折，台北故宮博物院編《宮中檔

4. 清前期江西官府應對邪教的措施

在清代，地方上許多事是民不告則官不理。許多官員對邪教睜一隻眼閉一隻眼，因而江西按察使凌燽指出：江西省之所以邪教盛行，與官吏鄉紳未盡職責有直接的關係。「恐官吏、鄉保漫無警惕，而視查禁為具文」。因而要求明確官吏職責，建立獎懲機制，達到「官吏自愛其功名，鄉保亦惜其身命，庶幾實力奉行，而歸教之人自轉為安分之民，於地方實有裨益」[121]的目的。加上各級官員和民眾也難以分清鄉土信仰與邪教的差異，更何況有僧道之流夾雜其中，如江西永豐縣知縣戴名沅在「僧人新春庵內神座地下並僧房櫃內起獲《苦功悟道》、《正信除疑》等經卷及《護法牌文》」。經審訊，供稱係其故師通薩及故僧廣秀所藏。[122]清王朝的各級官吏，如果在三年的任期內，沒有發生過重大事件，尤其是邪教案件，一般可以得到陞遷。[123]因此，官員們總是千方百計地向上級隱匿這類案件，或者作為其他案件上報。在嘉慶朝鎮壓白蓮教的過程中，就出現官員鎮壓不力的情況。[124]

為有效查辦邪教，江西官員採取了許多措施：揭露邪教儀式

雍正朝奏摺》第 23 輯。

121 雍正十二年三月二十四日江西按察使凌燽折，台北故宮博物院編《宮中檔雍正朝奏摺》第 20 輯。

122 參見嘉慶二十一年四月十四日江西巡撫阮元折，《軍機處錄副奏摺》。

123 參見曹宇新等著《中國祕密社會》第三卷，福建人民出版社 2002 年版，第 307 頁。

124 參見朱誠如《管窺集−明清史散論》，紫禁城出版社 2001 年版，第 148-149 頁。

的虛假性，摘除教首的神祕外衣；嚴格區分師巫、僧道和春秋義社等活動的性質，搗毀聚集場所（如姚姓祠堂、齋堂等）；區別對待教首和教徒，縮小打擊面；加強對異言異服之人，尤其是棚民的管理；強化首告制度，派人臥底（為抓獲杜世明，寧化縣知縣王鴻運雇募曾萬進、曾大連等人為線民）；強化對官員的監督與獎懲，加強保甲和地方管理（廖干周起事中鄉紳和團勇的配合與協助）；等等。如江西巡撫臣裴徠度在奏摺中寫道：

　　至於邪教，臣凜遵密訪，果有夜聚曉散、蹤跡詭秘者，立即嚴拏為首之人治罪，斷不敢仍前因循；其餘被誘愚民，去邪歸正者，從寬免究；有能出首者，量加獎賞。恪遵諭旨，不敢張大聲勢，以駭眾聽。再查，江省醫卜、星相一應術士多於他省，遂有流棍假托地師風水，煽惑尤甚。雖非邪教，亦易藏奸，臣不時嚴查懲治，以除奸匪，以厚風俗。[125]

二　江西的文字獄與毀禁書籍

1. 江西境內的文字獄

　　全國範圍內的文字獄自康熙開始，於雍乾時期達到高峰，著名的有康熙朝莊廷鑨案和戴名世案，雍正朝陸生楠案、曾靜和呂留良案、謝濟世案，乾隆朝胡中藻案等八十多起。江西省屬於文

---

125 雍正二年九月二十八日江西巡撫臣裴徠度折，雍正《硃批諭旨》第7冊，第11頁。

字獄的重災區之一，典型的有查嗣庭案、胡中藻案、劉震宇案、王錫侯案等。

查嗣庭，字橫浦，浙江海寧人，康熙四十五年（1706 年）進士，雍正三年（1725 年）任禮部漢左侍郎。次年，雍正認為「江西大省，人文頗盛，須得大員以典試事」，指派查嗣庭為江西鄉試正主考。雍正認為查嗣庭所出試題「顯露心懷怨望，譏刺時事之意」。為進一步搜求證據，雍正派人在查嗣庭的行李和寓所中搜到日記兩本，從中找出兩條重要「罪證」：一是為《南山集》作者戴名世喊冤；二是熱河發水時寫道「淹死官員八百人，其餘不計其數」。日記還對科舉取士、天災等問題發表了觀點。雍正認為這些言論「悖亂荒唐、怨誹捏造之語甚多」。又因查嗣庭所作《私史》中有「誣謗國惡」的言論，加上夥同副考官俞鴻圖收受舉人牌坊和銀兩、答應請託等情節。數罪並罰，查嗣庭被革職，至雍正五年五月結案時已經死在獄中，但仍被戮屍梟示。查氏之子十六歲以上的被處斬刑，十五歲以下的兒子以及查嗣庭的二哥查嗣倈及其子孫都流放三千里，直到乾隆元年（1736 年）部分親族才被釋放。此案當時影響非常大：由於查嗣庭和因著《西征隨筆》而引致文字獄的汪景祺同是浙江人，故雍正四年浙江鄉試被停止，直至雍正六年因浙江總督李衛的請求而復考；江南合肥縣參革知縣馬倬、江西宜黃縣參革知縣胡虞繼因是查嗣庭的門生，而於雍正五年正月分別被解往江南、江西質審，送京治罪；曾經舉薦過查嗣庭的蔡珽也因此而加重罪刑；另有江西巡撫汪漋、布政使丁士一、鄉試副考官俞鴻圖等官員也受其牽連。

胡中藻，新建人，號堅磨生，乾隆元年進士，官至內閣學

士，提督陝西、廣西學政，後調取回京，罷官還鄉，著有《堅磨生詩鈔》，為首輔鄂爾泰門生。乾隆十七年，乾隆抓住「一把心腸論濁清」等「違逆」字句，[126]認為「濁」字竟放在國號「清」之上，進而認為《堅磨生詩抄》多悖逆訕謗語，「胡中藻之詩，措詞用意，實非語言文字之罪可比。夫謗乃朕躬猶可，謗及本朝，則叛逆耳」，遂指派專人祕密調查。經過數年調查，於乾隆二十年三月將胡中藻押往京城質審。四月，胡中藻被處斬。已故大學士鄂爾泰受之牽連，被撤出賢良祠。鄂爾泰的姪子鄂昌則因與胡中藻關係親密而被賜死。關於此案，有學者認為是乾隆借胡中藻案打壓鄂爾泰等人的勢力，禁止朋黨，抬高君主權威，達到乾綱獨斷的目的。

金溪縣生員劉震宇於乾隆六年刊印《佐理萬世治平新策》一書，闡述「更易衣服制度」[127]的觀點和捉拿「邪匪」馬朝柱之法。十二年以後，被乾隆認定為大逆不道：「劉震宇自其祖父以來，受本朝教養恩澤已百餘年，且身到黌序，尤非無知愚民，乃敢逞其狂誕，妄訾國家定製，居心實為悖逆。」[128]剛開始查辦時，湖南巡撫范時綬將其革去生員，杖一百，永遠禁錮。這已經判得很重了。可乾隆還覺得判得太輕，將劉震宇即行處斬，書版銷毀，並斥責范時綬「僅將該犯輕擬褫杖，甚屬不知大義，著交

---

126 參見佚名《康雍乾間文字獄・胡中藻之獄》，山東畫報出版社 2004 年版。

127 《清史稿》卷十一《高宗本紀二》。

128 《清高宗實錄》卷四十五，「十八年十一月癸亥」條。

部嚴加議處」。劉震宇曾於乾隆八年將《治平新策》獻給江西巡撫塞楞額，塞楞額不僅沒有看出問題，還獎勵了一番。劉震宇案發時，塞楞額早已死去，乾隆還大發雷霆：「塞楞額為封疆大吏，乃反批示嘉獎，喪心已極。若此時尚在，必當治其黨逆之罪，即正典刑。」

泰和縣童生李必亨到四川、江西等地衙府投遞「狂悖呈詞」，乾隆二十六年江西巡撫湯聘在向乾隆上奏時，稱李必亨怨天、怨孔子、指斥乾隆。此前，李必亨改名李雍和應試，乘機把訴苦的呈詞和怨天尤人的「逆詞」偷偷塞在學政謝溶生行李中，謝看後未引起重視更沒有上告朝廷，故案發後也受到牽連。李必亨被凌遲處死，其兄李大有被秋後處決，其妻、幼子、幼侄解刑部，配給功臣之家為奴。[129]

王錫侯，原名王侯，字韓伯，宜豐人，乾隆十五年三十八歲時中舉人，此後會試屢試不中，於是花費大量時間編完了《唐人試帖詳解》、《國朝試帖詳解》、《王氏源流》、《經史鏡》等十多種書籍。他認為《康熙字典》有收字太多、難以穿貫、遺漏等缺點，[130]於是將《康熙字典》以類書格式編成一部新體例的簡明字典，即《字貫提要》四十卷。乾隆四十二年十月，族人王瀧南向縣衙檢舉王錫侯擅自刪改《康熙字典》，且沒有避清朝皇帝名字

第六章・清前期江西的文化、藝術與科技

---

129 參見《清代文字獄檔》下冊，上海書店 1986 年版，第 802、805 頁。
130 參見林鐵鈞、史松主編《清史編年》第六卷，中國人民大學出版社 2000 年版，第 284 頁。

之諱，屬叛逆行為。時任江西巡撫海成認為雖然不屬叛逆行為，但屬狂妄不法行為，於是革去其舉人身分，再加審問，並將《字貫》呈送朝廷審查。乾隆認為《字貫》的「凡例」「將聖祖、世宗廟諱及朕御名字樣悉行開列」，實屬「深堪髮指」、「大逆不法」、「罪不容誅」之舉，應該按照大逆律問罪。乾隆怪罪海成僅革去王的舉人身分，訓斥其「實屬天良盡昧，罔知大義」，將海成革職，交刑部治罪。王錫侯家產入官，所著各項書籍及版片都要在全國範圍內查繳，解送到軍機處銷毀。王錫侯被凌遲處死，子孫六人被處死，全家二十一人連坐，妻、媳及未成年人為奴。此案所牽涉的官員還有：布政使周克開、按察使馮廷丞都以失察罪被革職，交刑部治罪；海成的上司——兩江總督高晉以失察罪被降一級留任；侍郎孫友棠因為《字貫》題詩一首而被革職；為《經史鏡》、《唐人試帖詳解》寫序的錢陳群和為《王氏家譜》寫序的史貽直，都因已故而免遭深究，但要求他們的兒子錢汝誠、史奕昂將原書繳出銷毀。

德興縣生員祝庭諍自編一本《續三字經》，教孫子祝浹誦讀，乾隆四十四年被人告發。官府發現書中對於帝王興廢「尤且大加誹謗」，如寫元朝「發披左，衣冠更，難華夏，遍地僧」，「衣冠更」是指改穿著，「難華夏」是指華夏遭難，「遍地僧」是指全部光頭。雖是寫元朝，但被認為是「明系隱寓詆清」。於是將在乾隆十五年病故的祝庭諍開棺戮屍，十六歲以上子孫輩斬立決，其餘或被流放或被杖打。

乾嘉時期江西還有另外兩起文字獄。乾隆四十年，南昌王作梁因瘋病發作而被鎖錮空屋，在房內寫了四封信，下款竟寫「坤

治元年」。乾隆帝認為「所造逆書，語多悖妄，自應按律正法」。不久王作梁被凌遲處死，他的哥哥王才宗也被處死。嘉慶十年（1805 年），彭澤縣生員歐陽恕全即歐陽正朗被查出寫了「逆詩」，被處死。[131]

2. 江西境內的毀禁書籍

在查辦文字獄的過程中，乾隆通過纂修《四庫全書》，銷毀了大批典籍和著作刻板，實施文化專制。正式開館纂修《四庫全書》的第二年即乾隆三十九年（1774 年），下詔查禁違礙書籍，直至乾隆五十八年遍及全國查辦禁書運動才告結束，共禁毀書籍三一〇〇多種、一五一〇〇〇多部，銷毀書板八萬塊以上，民間因畏懼惹禍而自毀之書則不計其數。江西共奏繳四五二種、二七四〇〇餘部，僅次於江蘇。被列入「違礙」、「狂悖」等罪名的書籍，內容大多是涉及明末反清戰事、清兵屠殺暴行、未避諱等。[132]

乾隆三十三年，江西巡撫吳紹詩奏查出李紱書集語多憤嫉，請求朝廷革去李紱生前官秩，並將其子孫革職候審。經查，「雖有牢騷之辭，但多係標榜欺人惡習，尚無悖謬訕謗實跡」。即使如此，李紱的各項書本板片仍遭銷毀。[133]

---

131 參見林鐵鈞、史松主編《清史編年》第七卷，第 421 頁。

132 參見徐韋《清乾隆年間江西禁毀書查繳始末研究》，《江西圖書館學刊》1999 年第 4 期。

133 參見《清代文字獄檔》上冊，上海書店 1986 年版，第 158、171-174 頁。

　　乾隆三十九年，乾隆以所蒐集書籍之中沒有看到「違礙」書籍為藉口，下令進行全國範圍的查繳禁書運動，重點是明末野史。一七七五年，江西巡撫海成遵旨要求各地極力蒐羅民間所藏斷簡遺編，無論全書、廢卷，都按書價的兩倍收購，此種蒐集書籍的方法得到乾隆的認可，並在全國大力推廣。一七七六年，海成上奏朝廷已在江西查繳禁書八〇〇〇餘部，並請求朝廷寬限時日，以便更加仔細地遍查。

　　乾隆四十三年，乾隆認為明末抗清的宜春人袁繼咸著、張自烈輯的《六柳堂集》「語多悖逆」，要求巡撫郝碩將所有《六柳堂集》及其板片查繳到京城銷毀。[134]同時，責令進行全國範圍內的查繳，尤其是山西、浙江、福建等省。此案還一直連累到袁繼咸的子孫。

　　乾隆四十四年，曾任江西知縣的湖南臨湘籍沈大綬的《碩果錄》被列入「違礙」書單。沈著書於乾隆三十八，於三年後身故，但仍遭屠戮。清廷在銷毀《碩果錄》和《介壽辭》的同時，還將其家人治罪。

　　同在乾隆四十四年，江西巡撫郝碩還銷毀明末進士黎元寬所著《進賢堂集》和黎元寬之子黎祖功所著《不已集》。乾隆帝諭示：「黎元寬所刻詩集各種雖俱有違悖語句，但其人係明季科目，在本朝未經出仕……所有書籍自應一體行查銷毀。」[135]

---

134 參見《清代文字獄檔》上冊，第 295-306 頁。
135 《清代文字獄檔》上冊，第 351-357 頁。

乾隆四十六年，僧人明學及其師傅心光等人的《鎮壇悲法水》、《南泉秘旨便覽》經卷在吉安府蓮花廳被查獲，這些經卷「直書御名，妄加姓氏」，以星宿為天皇、以土地屬地皇、以人丁屬人皇。這些經卷早在乾隆四年由心光傳至弟子明學。因破爛殘缺，明學令其徒弟續先重抄。續先自認為「人皇」即當今皇帝，而趙姓既為百家姓之首，必是本朝皇帝姓氏，遂將乾隆帝名字及趙姓添入經卷新本。後來，明學之徒慧定又將經卷新本謄抄兩份。乾隆四十五年僧人曇亮偷走慧定的經卷，在蓮花廳被查獲。明學、慧定被凌遲處死，續先被戮屍，曇亮被斬首。

　　乾隆五十三年，清廷要求江蘇、江西、浙江查辦禁書不要久而懈怠。乾隆帝認為安徽尚非大省，應禁之書歷年都不能儘數收繳，而江蘇、江西、浙江一向為人文之藪，民間書籍繁多而近年總未見續行查繳，因此這三省官員盡心查繳。

　　乾隆五十八年，江西再次繳獲十餘種禁書，這也是乾隆朝全國範圍內最後一次大規模查繳禁書的一部分。**136**

　　文字獄是君主專制空前強化的產物，極欲禁錮思想，統制言論。儘管《四庫全書》的編修對於整理、保存古代文化遺產功不可沒，但與此同時的禁毀書籍，也給中國歷代典籍造成無法彌補的巨大損失。清廷實行文化專制的根本目的，是要在思想文化上樹立君主專制和滿洲貴族統治的絕對權威。這造成嚴重的社會後

---

136 參見黃愛平《四庫全書纂修研究》，中國人民大學出版社 1998 年版，第 72、78 頁。

果，致使當時的文化人不敢議論社會問題，被迫埋頭整理和考校古籍。乾嘉時期學者主流以考據見長，與此不無密切關係。

第四節 ▶ 清前期江西的佛教、道教與天主教

一 佛教的復興與衰落

清代江西佛教的發展，大致經歷了一個前興後衰的過程。自順治朝到道光朝，由於朝廷對佛教採取了較為有利的宗教政策，佛教在全國得到了一定的發展。此一時期江西佛教之盛，主要表現為僧人群體的出現、寺廟的興修和寺產的增殖。

清前期，隨著臨濟與曹洞二宗的繁榮，一批著名的僧人來到江西，成為各地寺廟的住持，開創了江西佛教的新局面。臨濟宗的僧人，多為明後期三十世的天童密雲圓悟、石磐天隱圓修、廬山雪峭圓信等三大支派的法嗣。

天童密雲圓悟於清初傳道忞，再傳博凡。康熙三年（1664年），博凡入主贛州雙峰寺，後又入主雲居山真如寺。康熙十三年，再弘法於廬山西林寺。此後，該支在江西繼續弘大，出現了多位高僧，主要有：承嗣臨濟宗三十一世的通容和通微，這兩人分別入主宜黃的黃檗山與贛縣的龔公山寶華寺；承嗣臨濟宗三十二世的松寶、行秀，他們分別開法於瑞金的松寶庵和崇仁的仁濟寺。至三十三世，圓悟支下的僧人群體更為龐大，著名者有：志元，入主廬山西林寺；成解，歷主瑞金縣龍湖、寒光、龍山及芭蕉塘四寺；濟璞，於順治朝入主廬山萬杉寺，為江西巡撫董衛國

等官員賞識，資助擴建寺院；本領，重建峽江縣東平寺；戒顯，先後住持廬山歸宗寺、雲居山真如寺、金溪縣疏山寺；元鵬，繼戒顯住持雲居山真如寺。

天隱圓修一支在江西的法嗣，有報劬、行一、曇瑞、超羈、行澤、心壁、澹雪、性音等高僧。其中曇瑞出家後，先後住青原山、廬山。順治朝以後，歷主安福祇山寶林寺、吉安崇恩寺；心壁為臨濟宗三十四世，康熙中期來到南昌，繼入廬山開先寺，並立叢林規約十條；性音於雍正四年，由北京西山大覺寺回到歸宗寺，圓寂後雍正帝賜「國師」，謚號「圓通妙覺大智禪師」。

曹洞宗在江西的傳續，主要集中於壽山一系。該系各個支派的僧人，以黎川壽昌寺、博山能仁寺、南城寶方寺、廬山歸宗寺與棲賢寺、玉山瀛山寺和普寧寺、青原山淨居寺以及宜黃曹山寺和石門寺為弘法道場，使曹洞宗進入到中興時期。具體說來，住持壽昌寺的先後有元謐、大成及其門人興沛，歷主能仁寺的有雪關、道霈、宏瀚、傳鵬、慈引等無異元來之嫡傳法嗣，在歸宗寺傳法的為道獨、函罡二僧，在棲賢寺住持的有僧石鑑，先後入主普寧寺和瀛山寺的僧人是心田，住持過淨居寺的僧人先後有大然、大智、葉妙，仙源與戒週二僧則分別住持曹山寺和石門寺。[137]

清前期，隨著眾多高僧入贛傳法，江西各地的佛寺普遍經歷

137 參見韓溥《江西佛教史》，光明日報出版社 1995 年版，第 148-162 頁。

了一個重修或重建的過程。在南城縣的寶方寺，清順治朝遭遇火災，寺中所有建築蕩然無存。為此，該寺僧人無諡開始了為期兩年多的重建工作。重建後的寶方寺廟，寺貌煥然一新，並置有田產三百餘石。不過，好景不長，由於住持僧眾無心經營，該寺很快就出現了「寺屋毀壞，寺田變棄，遂使十方僻眾無所歸」的景象。在此後一百來年的時間中，寶方寺一直處於衰敗狀態。至乾隆二十六年（1761 年），由於鄉人大倡義舉，集資聚財，寶方寺方再次得到修復。[138]

雲居山真如寺，自宋元至明，累經興廢。至明崇禎末年，該寺已是一片衰敗之景，不僅「殿堂蕪塌，僧徒不守」，許多寺產也歸入當地熊氏名下。清初，在戒顯、元鵬等住持僧人的努力下，該寺得到了一次較大規模的復興。不僅從熊氏手中贖回了廟產，還先後對寺內各殿宇和山門進行了重修和新建。順治十年（1653 年），戒顯重建了大雄寶殿。順治十六年，又建應供堂、香積堂、雲農寮。康熙五年（1666 年)至康熙七年，元鵬又先後創建了禪堂、方丈室、安隱室、千在堂、耆宿寮、浴室、田寮、米寮、千華閣。康熙十年，元鵬先添置寺田二十餘畝，後又續辦木桶莊田三十九畝，以為晦山塔院香燈之資。經過此次重建，該寺面貌煥然一新，「整齊絢爛，蔚然復唐宋舊跡」[139]。

---

138 參見霍質彬《寶方寺及其佛教派別》，載《南城文史資料》第 1 輯，1985 年。

139 謝文洊：《雲居山真如寺重建諸殿堂碑記》，見元鵬禪師編纂《雲居山志》卷二、卷七，康熙十二年版。

· 雲居山真如寺（李平亮提供）

　　清江的慧力寺，始建於南唐時期。此後歷有修葺，明初尤盛。明末清初，該寺屢遭兵亂，以致「板寂鐘塵」。至康熙年間，該寺住持自之禪師及其他僧人在官紳的資助下，「毅然以身兼其任，茹藥咬菜，扶起沙盆」，重修各殿。康熙九年，臨江太守王端侯重新大雄寶殿內的聖像，並書「古勝今瞻」匾額。康熙戊子，住持福慧又重整大雄殿殿宇。康熙十四年，王端侯重建天王殿。康熙十七年，「副台楊貞翁重塑天王聖像」。雍正九年（1731 年），住持福松重修了韋陀殿。雍正十一年，峽江李恕亭重修報恩殿聖像。

　　除重修原有殿宇外，慧力寺還新建了諸多殿堂。康熙三年（1664 年），住持智翰新建了方丈、伽藍堂、祖師堂、大悲堂等

堂室。康熙四年，又創建昆盧殿。康熙十三年和十四年，住持偏浹分別創設法堂、禪堂及觀空閣。此後，住持福慧又增設戒堂、官客堂。另外，從史料記載來看，此一時期慧力寺內還有為數眾多的樓台橋亭，形成了一個規模較大的佛教建築群。經過康雍兩朝的修建，「慧力一燈，遂朗朗徹霄漢矣」[140]。

在各地寺院重建過程中，釐清和增加寺產也是一項重要內容。明代後期，因戰亂等各種原因，江西許多寺廟的田產荒落民間。明末清初，隨著寺院的復興，在一些住持僧的努力下，它們的田產紛紛得到釐清和確認。如上文提及的雲居山真如寺，就從當地熊氏手中，贖回了原來的田產。而青原山的淨居寺，自明崇禎朝至清康熙朝，其寺產也漸次得到興復，並不斷增加。據史料記載，崇禎三年（1630 年），該寺住持本寂道人贖回田產共契四十七紙，載租八百七十八石六斗五升。順治十六年（1659 年），寺僧笑峰再買入田畝共七契，合租一百二十五石五斗。康熙丙午年（1666 年），僧墨歷復置辦田產八契，合租六十六石七斗。以上三次購買的田產，合計三頃九十八畝一分七釐，並在官方開立戶頭，輸納糧課。與此同時，該寺的山場的範圍也得以確認，其面積為二頃，共派銀一十九兩二錢四分六釐。[141]另外，清江慧力寺由於「徒眾漸繁，食指日益，但寺無租產」，故為久遠計，購

---

140 趙汝明輯：《清江慧力寺志》卷首《建置》，光緒刊本。
141 參見笑峰大然編，段曉華、宋三平校注《青原志略》卷十三《雜記》，江西人民出版社 1998 年版，第 397-398 頁。

得早晚水田三五〇畝，「坐落新喻縣之振藻區五都二圖山觀洞，計糧二十七碩一斗九升有零，立名瑞筠永祿僧戶，歲租四百八十九碩」[142]。

　　清前期江西佛教的發展，既得益於政府的推崇，又受到其制約。例如，政府規定，民間建立寺廟，須呈報督撫批准方可。僧人年滿四十，方能收徒。同時，《大清律例》還規定：「凡寺觀庵院，除現在處所先年額設外，不許私自創建、增置。」僧人沒有獲得度牒而私自剃度者，杖責八十。「寺觀住持及受業師私度者，與同罪，並還俗，入籍當差。」[143]這些條例雖在實施過程中難以完全得到執行，但在一定程度上仍然限制了佛教的繁興。就方志記載來看，整個清代江西增建寺庵約三五六所，稍遜於明代。另外，自道光朝以後，軍火頻仍，許多佛寺庵堂被燒燬。儘管一些寺廟在戰亂後得到修復，但大部分寺廟還是一直呈現凋敝的景象，江西佛教在經歷一段中興時期後，又一次進入到衰落期。[144]

二　走向民間的道教

　　清代江西道教的主流，由正一道和全真道兩大道派構成。就

---

142 李明睿：《瑞筠慧力寺僧田記》，《清江慧力寺志》卷一《記疏》，光緒刊本。
143 《大清律例》卷八《戶律‧戶役‧私創庵院及私度僧道》，乾隆五年版。
144 參見韓溥《江西佛教史》，第 152 頁。

第六章‧清前期江西的文化、藝術與科技

605

整個清代而言，這兩大教派的發展，均呈現出衰敗的勢態。不過，在清初時期，正一道還是在政府抑揚並行的政策下，經歷了一個相對穩定的發展時期。清順治朝，世祖皇帝對五十二代天師張應京的權限做了嚴格規定，要求其「申飭教規，遵行正道」，僅允許其對附山本教族屬進行糾察。然至康熙年間，朝廷先後多次對張天師及其家屬大加榮恩。康熙二十年（1681年），康熙帝封第五十四代天師張繼宗為「正一嗣教大真人」。康熙四十二年，授張繼宗為光祿大夫，追贈三代誥命，將張繼宗的曾祖顯庸、祖父應京、洪任一體封贈光祿大夫，封其曾祖母、祖母、母親一品夫人。至雍正朝，清廷仍然對天師府大加榮恩，封天師府署理大真人張昭麟為光祿大夫，贈其生祖母、嫡母、繼母及妻為一品夫人。另外，在此一時期，天師府還是能夠在鄉間有效地行使國家賦予的權力。這一點，在一份新發現的天師府照票抄件中有如下記載：

天師府知事廳為給帖清教以杜邪巫事。奉襲封番侯嗣漢五十四代天師真人府牌委前事，內開：照得本府欽奉敕命，掌理天下道教，毋以不法邪巫假冒名色，混淆正教，蒙已咨明禮部，通行嚴禁在案。方今日久法弛，而陽奉陰違者實繁有徒，前本府祀岳經過地方查訪，知楚俗相襲成風，以致正邪莫辨。本府職守攸關，是以委員給帖為憑，除咨移湖南布政使司轉行各郡州縣一體查禁外等因，本所奉委員前來湖南各邑，清查教典，給牒傳度，以禁邪巫。今臨桂陽縣，查得濠頭漳溪康生，職名康勝一郎，據稱永遵正教，查無過犯，應留宣行道教，除經取冊給帖申繳外，

理合給照為憑。嗣後遵守道規，永揚正化。所有邪巫既往不咎，著即改業別途，毋許混教，致干法綱。若行奸詐，假托正教名色，冒領照票，以為護身給付，但本廳耿潔自矢，密察最深，諒難掩耳，斷不亂授。此輩自後冊結為名，凡無照票之人，即係邪巫。如敢仍前演邪，煽惑人心，禍害地方，許爾等呈稟省司諸法究懲。稽查教典，執此稟驗，以別正邪。須正照票者，右照給付康生執照。康熙四十三年二月十九日給桂字第三十七號。**145**

　　清初各朝對龍虎山天師道的推崇，還表現在對天師府第的積極修建。康熙四十六年，清廷賜修天師府於京師正陽門外。康熙五十二年，朝廷賜帑修葺太上清宮，並詔令江西巡撫等官員督修。雍正年間，清廷不僅在京師地安門外賜建天師府，還特地撥銀十萬兩，對龍虎山上清宮進行了全面維修和擴建。這次維修工程持續一年多，除修復了原有各宮殿外，還新建了斗姆宮及其配殿。據《留侯天師世家宗譜》記載，重建後的上清宮「宮門南臨橫街，街北建坊，坊北東西旛桿二。中甃巨石為路，東西繚以朱垣。又北為門，環磚為闕，以通往來。闕上建樓，重簷丹楹，周以朱欄。簷際懸聖祖仁皇帝御書『太上清宮』額」。建有欞星門、龍虎門以及東西碑亭各一所。由龍虎門往北，先後建有玉皇殿、后土殿、三清閣。其中玉皇殿東西分別配有三宮、三省兩

145 參加見劉勁峰《贛南宗族社會與道教文化研究》，國際客家學會、法學遠東學院、海外華人資料研究中心 2000 年版，第 263 頁。

殿，后土殿東西配五嶽、四瀆兩殿。三清閣以東，有文昌殿、天皇殿，以西為關聖殿、紫微殿。此外，重修後的天師府既有供官方管理者和齋醮者休息的提點司、虛靖祠、鶴歸亭等屋所，又有作為山上道士修行和起居的道院共二十四所，分別是三華、東隱、仙隱、崇元、太素、十華、郁和、清和、崇禧、崇清、繁禧、達觀、明遠、洞觀、棲真、混成、紫中、清富、鳳樓、高深、精思、真慶、玉華、迎華。[146]這些建築物參差環向，星羅棋布，使整個天師府形成了一個規模龐大的建築群。

不過，雍正朝的這次修復，也是清廷給上清宮的最後一次惠澤。自乾隆時期始，張天師的政治地位日益低落，其在政府中品級由一品降到三品，其妻的封號亦從一品夫人落為淑人。至清末時期，上清宮中的許多建築因年久失修而漸漸消失。

清代江西的全真道，也經歷了與正一道類似的命運。清初，由於全真道道主王常月調整了傳教策略與傳教內容，全真道得到了清廷的認可，一度出現了復興的跡象。在江西，全真道龍門派也得到較好傳播，出現了程諤、徐守誠、柳華陽等多位得道人士。另外，全真中派在江西也得到一定的發展，產生了以豐城人黃裳為代表、精於內丹的道派人物。但是，這些現象大多發生在清前期，自清後期，隨著道教的全面衰微，江西的全真道也逐漸

---

146 參見《留侯天師世家宗譜》，光緒十六年刊，參見周沐照《龍虎山上清宮建置沿革初探》，《中國道教》1981 年第 1 期。

進入了衰敗的軌道。[147]

　　除天師、全真兩個道派外，江西其他的道派或道教名山也呈現出一副衰敗之景。清人謝允璜在遊歷崇仁華蓋山時，就曾發出今不如昔的感嘆：「想其全盛時，奔走遝邐，金錢輻輳，非承平三百年，安能得此。今罘罳榱桷間多衰颯氣，盛衰如環，信然！」[148]同樣，南城麻姑山原為道教北帝派始祖鄧紫陽修道之所，是唐、宋、元三代歷朝王室崇奉之地，建有規模宏大的宮殿群。有明一代，政府先後兩次對麻姑山進行重整。入清後，康熙、乾隆兩朝又對其做了全方面修復，所謂「盛朝定鼎之後，海宇昇平，漸次修葺，蔚為巨觀」[149]。到了清朝後期，由於時局動亂，又給麻姑山帶來新的災難。咸豐六年（1856年）迭遭兵燹，宮觀勝蹟，名公題詠，存者寥寥，麻姑祖父屈供碧濤庵。此外，宜豐縣在清康熙年間，全縣僅有二十名道士，比較完整的宮殿觀有八座。[150]

　　當然，必須指出的是，上述對清代江西道教的印象，僅是從國家制度層面和教派衍變而言。如果我們從民間角度去看，清代江西道教的歷史，又是另一種充滿生命力的場景。前文所提及的許真君信仰，其在各地的廟宇也無不與當地百姓生活聯繫在一

147 參見陳金鳳《宋元明清全真道發展述論》，《宗教學研究》2007年第2期。

148 謝允璜：《遊華蓋山記》，《華蓋山志》卷八，同治八年版。

149 黃家駒編：《重刊麻姑山志》，紀，興廢，同治五年版。

150 參見漆躍慶《道教在宜豐》，載《宜豐文史資料》第2輯，1988年。

起。如安義縣城以北就建有許旌陽祠，每逢八月初一，四方群眾前往朝拜，沿途懸燈千百盞，稱為「百子燈」。在萬安縣，每屆八月初一，凡是供奉許真君的廟宇，男女信眾紛紛前去進香，絡繹不絕，至十五日乃止。彭澤縣城的百姓則會在每年的六月初六，將縣城隍廟的城隍老爺抬出巡遊，屆時「各街坊裝台閣故事，備極精巧，觀者盈市」。萬載縣城的士民則會在每年的四月，請戲班在城隍廟演戲，時間長達月餘。在此期間，「士民酬願無虛日，城坊各廟俱賽戲飲宴」，至四月底方結束。[151]而南昌城外青雲譜的歷史，更是集中體現了清代以來道教與地方社會相結合的過程。

青雲譜，又稱梅福宅，位於南昌城南十五里處，與孺子亭、蘇翁圃並稱江城三大名勝。如時人記載：「竊嘗考江城名蹟，其為昔賢釣遊之所，掩映湖山，垂之不朽者三，曰孺子亭、曰梅福宅、曰蘇翁圃，皆以志甘棠之愛，永嘉樹之思者也。」[152]青雲譜之所以稱梅福宅，乃是相傳其舊址為漢代南昌尉梅福辭官退居之所。東晉至宋代，青雲譜先後稱太乙觀、天寧觀，並成為道教分支——淨明忠孝道的一部分。清初，明室後裔朱良月重修是觀，並改名為青雲譜。

儘管青雲譜的歷史可上溯至漢代，但在有關該道院的記載

---

151 參見丁世良、謝放主編《中國地方誌民俗資料彙編》華東卷（中），
　　第 1104、1156 頁。
152 熊家璧：《重修孺子亭記》，《民國初元南昌紀事》卷十四《遺文》，
　　民國 9 年版，第 347 頁。

中，清以前留下來的文字並不多，更多的記載出現在清康熙朝以後。自康熙至嘉慶朝，青雲譜經歷了一段相當鼎盛的時期，其與地方社會之間的關係也日益變得密切。南昌人胡廷校在一篇文記中說道：

豫章附郭，古多仙跡，青雲譜其一也。譜之名創始於清初朱仙良月。考其源流，賴有二碑記載，為前記特詳焉。此外雖有譜記，不過略敘漢唐事蹟，而由周以迄宋元明歷代變遷，蓋闕如也。所可異者，康熙壬午距嘉慶甲戌百十餘年事耳。先後重修，主其事者既屬新安及本邑二黃，而鼎鼎大文復出雲間修撰及大庾相國。異地同姓，不謀而合，非但可作本譜二千年之信史，亦極一代文物之佳話也。[153]

文中提及的先後重修，分別發生在康熙和嘉慶時期。康熙四十一年（1702 年）的重修，得力於崇奉道教的江西巡撫詹南屏和新安人黃正甫。其中黃正甫「首捐五千金為倡」，後「仍再輸百餘金」，「置田十數畝，作為焚修之資」。重興道院後，黃氏又請其姻兄弟、翰林院編修戴有祺為記。詹氏則「遍募院司道府廳縣暨徽西兩河典緞布以及諸善信各捐金助之」。[154]

153 胡廷校：《重修青雲譜記》，《民國初元南昌紀事》卷十四《遺文》，第 343 頁。
154 戴均元：《重修青雲譜記》，《江西青雲譜志》，不分卷，民國刊本，第 39-40 頁。

　　有了巡撫這樣高級的地方官員的介入和戴氏的文記，青雲譜在地方社會的地位日漸提升。至嘉慶時期，宗族與地方士紳成為重修道院的主導者。據時任禮部尚書、南昌人戴均元記載，嘉慶十九年（1814 年），當地黃氏與戴氏兩家族共同倡導並主持了青雲譜的重修，「是役之興……費四千緡，蓋余兄若齋先生與淳庵率吾婿式亭相與醵金於當路賢士大夫及同鄉好義樂輸者，而淳庵、竹林則首捐五百金為倡。逮公輸不足，又解囊以總其成」[155]。在這裡，戴氏女婿式亭為黃氏之一員，如戴氏所說：「余婿刑部郎式亭，淳庵之猶子范亭之同懷弟也。」除以上兩人外，黃氏家族還有另外三人參與其事，即戴氏在文中提及的「南昌黃俊民侍御偕其弟范亭太史暨侄在畬儀部」[156]。因此，可以說，此次重修，從倡議到事畢為記，完全是宗族與士紳相結合的結果。

　　康熙至嘉慶時期青雲譜的鼎盛，還表現在經濟實力的不斷擴張中。在《江西青雲譜志》有關田產購買的記載中，我們可以看到，從順治朝一直到光緒朝，青雲譜購置了大量田產，其中又以康乾時期至咸同時期購買的田地數最多。[157]

　　伴隨著其經濟實力的擴張，在地方官、宗族、士紳以及商人

---

155 戴均元：《重修青雲譜記》，《江西青雲譜志》，不分卷，民國刊本，第 39-40 頁。

156 戴均元：《重修青雲譜記》，《江西青雲譜志》，不分卷，民國刊本，第 39-40 頁。

157 參見《江西青雲譜志》，不分卷，民國刊本，第 72-76 頁。

的共同運作下**158**，青雲譜成為地方士紳活動的政治舞台，逐漸轉化為地方權力中心的象徵。如同光之際，當地士人就在譜內建造惜字塔。從一篇作於光緒元年的《青雲譜惜字塔記》的碑文中可知，惜字塔的建造，乃是當地士人倡議的結果。負責建造該塔的首事有十個，文記作者、士紳萬祥臻位列其中。在捐款名單中，除個人外，還有一些堂號和少數商號。捐款數額最高的為五〇〇〇文，最低也有四〇〇文，但大多則為一〇〇〇文。**159**

清代江西道教不僅與士紳、宗族及商人各社會階層結合，還同村落組織和基層行政組織互為一體。在撫州地區，各縣普遍建有供奉「三仙」的宮觀，其中以南豐縣軍峰山、崇仁縣華蓋山的三仙宮影響最大。尤其是南豐縣「六都四甲」的一些村落，從咸豐時期起組成了「福祿壽禧」的香會，在位於縣城附近的瑤浦村建立了三仙行宮，供奉丘、郭、王三位道家神靈，同時還要舉行盛大的「妝迎」活動。**160**另外，前文提及的西山萬壽宮，在清後期也有為數眾多的香會組織前往進香，成為江西全省性的民間信仰中心。因此，在某種意義上可以說，自清中期以後，道教與江

---

158 從一些其他記載中，也反映出官方、地方士紳與青雲譜之間的密切關係。如雲：「彭清源、周弘謙，均是譜主持也。良月開基於前，賴二師守成於後。不第善於守成，且素與本省巡撫極相能，凡是譜田業均請批示立案，而是譜重修雖出黃氏子之善功，亦兩師素以道德聞於江右，而始得諸善士維持其間也。」《江西青雲譜志》，民國刊本，第76頁。

159 參見戴均元《青雲譜惜字塔記》，該碑現存青雲譜內。

160 參見「咸豐四年創建三仙行宮捐款碑」，該碑現存南城縣瑤浦三仙行宮內。

西地方社會的歷史逐漸融為一體，從而擁有了較以往更大的活力。

三　清前期天主教在江西的傳播

1. 清初天主教在各地相繼開教

隨著耶穌會士在宮廷中逐漸取得皇帝的信任，天主教在全國迅速傳播。明末至清軍入關以前，以利瑪竇為代表的耶穌會士已在江西各地活動，在南昌、建昌、贛州、吉安建立教堂，發展信徒。順治元年（1644 年），江西大約有教徒四七〇〇人（包括福建汀州，當時屬江西教區管轄），耶穌會住院五所。[161]清軍入關後，天主教在江西繼續發展，又相繼在饒州、九江和撫州開闢教區。

清軍鐵騎到達江西之初，教堂也遭到嚴重破壞。南昌、贛州、吉安等地教堂均被拆毀，當時在南昌傳教的謝貴祿、梅高、郭瑪諾三位耶穌會士也遭遇清兵並被殺害，葬在南昌。順治十四年（1657 年），傳教士穆迪我得到許纘資助，修復南昌教堂。許纘之母徐太夫人是著名的天主教徒徐光啟的孫女，她跟隨兒子許纘宦遊江西、四川、河南等省，所到之處，皆熱心贊助當地教會。[162]此期間在南昌傳教的耶穌會士還有林公撒、樂類思、聶伯

---

161 參見徐宗澤《中國天主教傳教史概論》，據土山灣印書館 1938 年版影印，收錄在《民國叢書》第二編第 11 集，上海書店 1999 年版，第 238-240 頁。

162 參見方豪《中國天主教史人物傳》，中華書局 1988 年影印本，第 42-

多、郭瑪諾、方瑪諾等。

　　儘管受戰亂影響，天主教遭到很大破壞，但在一些崇教官員
的保護下，天主教很快恢復了生機，很多地方重修或新建了教
堂，教徒人數進一步擴大。江西南贛巡撫佟國器是滿族勳貴，對
天主教十分嚮往，因為身分特殊，他無法受洗入教，但力勸其他
官員信教。他在浙江、福建、江西等省為官時，到處訪問流落各
地的神父，加以保護。[163]順治十四年，劉迪我從澳門來到贛州，
佟國器和他建立了深厚友誼，為其購置房產作為傳教之用，並資
助他建立贛州教堂。教堂落成時，佟國器帶領一批地方官員前往
祝賀，參加開堂典禮，宣傳天主教的好處，勸人入教。順治十六
年，他又資助劉迪我重修了福建汀州的教堂。康熙元年（1662
年），劉迪我在地方官員的資助下，重修吉安教堂。[164]佟國器還
刊印多種天主教經書，親自作序。在他的帶動下，地方官員也紛
紛對天主教表示大力支持，這使贛州的教務得到很大發展。到康
熙二年，贛州已發展為一個大教區，有教徒約二〇〇〇人，管轄
鄰近的吉安和福建汀州地區的教務。這一時期先後在贛州教區傳
教的耶穌會士有利瑪弟、穆格我、瞿篤德、方瑪諾、衛方濟等，
他們中有的甚至一生都在贛州傳教。康熙三年贛州發生教案，教
堂被破壞，傳教士被迫離開贛州，負責贛州教務的耶穌會士聶仲

46頁。

163　參見方豪《中國天主教史人物傳》，第 49-54 頁。

164　參見〔美〕費賴之著、馮承鈞譯《在華耶穌會士列傳及書目》，中華
　　　書局 1995 年版，第 294 頁。

遷轉赴吉安，並把贛州教堂的經書及禮拜器皿藏在吉安教堂。[165]
教案結束後，聶仲遷又回到贛州，並於康熙三十年在信豐坪石創
立一基督教會口，此後一直在贛州傳教，直到康熙三十五年在信
豐去世。到康熙三十九年時，信豐縣城內建有男、女禮拜堂各一
處，並在坪路、羅峰兩處建有教堂。至康熙五十九年，信豐縣城
教務興盛，方濟各會和耶穌會均派傳教士來此傳教，耶穌會在縣
城設公學一所。是年，教皇派梅宰巴爾波來縣城視察教務。

天主教傳入撫州、饒州和九江是在十七世紀末。康熙三十七
年，法國傳教士利聖學與郭中傳、孟正氣三人同時被派往江西開
闢新教區，他們在撫州、饒州、九江三地各購得房屋一所，作為
教堂，開始傳教。開教之初，傳教士在饒州和九江二地就遭到官
吏阻撓一年半之久。之後，利聖學派傅聖澤、殷弘緒和孟正氣三
位神父分別管理三地教務。

康熙三年教案發生後，地方官府對待天主教和傳教士的態度
有所改變，由友好接納轉變為百般阻撓，天主教在曲折中艱難發
展。耶穌會士殷鐸澤在建昌府主持教務期間，就曾因為一座教堂
引起與官府的衝突，結果官府以「有礙風水」為由將教堂拆毀，
傳教士不得不躲藏在教徒家中傳教。[166]但總體來說，清初天主教

---

165 〔美〕費賴之著、馮承鈞譯《在華耶穌會士列傳及書目》第 301 頁：
「吾人流謫之訊傳布（贛州）城中，教內外人來教堂者，為數不可勝
計。教內人之來，乃因此惡（靈）耗而表示憂鬱；教外人或因好奇心
之驅使而來，或因唇署吾輩而來，余則乘機竊奪堂中諸物，竟至盜及
樹木。」

166 〔美〕費賴之著、馮承鈞譯《在華耶穌會士列傳及書目》第 327-328

並沒有被朝廷明令禁止，仍然得到較快傳播。到十八世紀初，江西共有南昌、建昌、贛州、吉安、撫州、饒州、九江等七個正式教區，且都有專門的神父主持，傳播範圍遍及全省。

2. 天主教在江西民間的傳播

天主教初傳入中國時，走的是上層路線，即通過朝廷和地方官員來推動傳播。隨著康熙三年教案發生以及朝廷對待天主教態度的改變，天主教也隨之改變以往的傳教路線，開始深入民間，發展普通老百姓信教。

天主教的傳播給地方社會帶來一系列影響。天主教雖然不信偶像，但為了使天主教深入人心，傳教士結合中國民間社會的實際情況，利用治病救人、驅鬼、禳災祈福這些傳統中國的方法輔助傳教，使民眾減輕敵對情緒，消除陌生感。法國傳教士殷弘緒在饒州時，常裝扮成醫生，以看病為由，「偽為醫師視疾，前往舉行聖事」。他幫助一位懷胎十六個月的女子順利產下一名嬰兒而安然無恙，這件事在當地成為一個奇蹟，「推動了不少非基督徒的皈依……把她的幸運歸功於她不久前信奉的基督教」[167]。傅聖澤初至撫州時，僅有教民百人，一年以後「其數倍增」。他在撫州授洗的第一位教徒是一位病危的婦女，她痊癒後成為當地教

頁：「建昌長官某初與鐸澤善，繼受屬吏讒，與教士為仇，誣報於省，謂鐸澤為匪首，並以教堂太高，有礙風水，欲拆毀之。雖經人關說與湯若望神甫之致書，教堂仍不免於拆毀，修復者三次，拆毀亦三次。然鐸澤藏伏不出，該長官尚未敢逮捕鐸澤也。」

167 〔美〕杜赫德著、耿昇譯：《耶穌會士中國書簡集》第一卷，大象出版社 2000 年版，第 69 頁。

堂最熱情的教徒。

天主教的平民路線取得很大成功。康熙三十八年殷弘緒到景德鎮時，這裡沒有一個信教者，首先入教的是一個修建教堂的窮泥水匠，當年僅有二人入教。到康熙五十一年時，受洗者已發展到八十人，並且「其中許多人已開始在不同地方讓人們領略基督教了」[168]。景德鎮的教徒多為工匠，殷弘緒曾親自訪問信教的工匠，詢問製瓷方法，並參證中國圖籍，寫了兩封長信寄回歐洲，介紹景德鎮的高嶺土。[169]自殷弘緒始，西方才得知景德鎮的瓷器，是他把景德鎮的製瓷技術傳到了歐洲。殷弘緒利用教會撥款和平時節衣縮食，在饒州和景德鎮各修建了一座大教堂。這一時期饒州地區的天主教發展很快，很多普通百姓入了教。

傳教士還深入邊遠鄉村傳教，這樣做的原因一則是這些地方地處偏僻，不易為官府察覺；二則受到文人紳士等反教派的排斥和抵制要比在城市少得多；三則純樸的鄉民對外來宗教更易接受，傳教士認為他們「更易教育，即更神聖更天真」，在鄉村傳教可以取得更大的成果。

馬若瑟在南豐和建昌傳教時，跑遍了所有有基督教徒的村

---

168 〔美〕杜赫德著、耿昇譯：《耶穌會士中國書簡集》第二卷，第 57 頁。

169 參見「耶穌會傳教士殷弘緒神父致耶穌會中國和鯿傳教會巡閱使奧裡（Orry）神父的信（1712 年 9 月 1 日於饒州）」；第 137-156 頁：「耶穌會傳教士殷弘緒神父致本會某神父的信（1722 年 1 月 25 日於景德鎮）。」〔法〕杜赫德著、耿昇譯：《耶穌會士中國書簡集》第二卷，第 87-113 頁。

莊。在鹿崗，他第一次訪問就發展了十八位教徒；四五個月後，他再次來到這裡，為一個無人照顧的病危老年婦女施捨了一點點，又使一部分人接受了天主教。他在建昌至新城（今黎川）的小鎮「Siaoche」建立一個小教區，幾乎沒遇到任何阻力，就為十九個人受洗。

在傳教過程中，一人受洗，帶動全家入教的情況很多。在傅聖澤的信中，記錄了撫州北門一個家庭因為他治癒了孩子的病而全家九口人入教的故事。[170]他還描寫了一位女子夫家八人受洗，唯獨她以丈夫在南京經商，不許她接受一個外國的宗教為由，拒絕受洗。他因為一位丈夫不願信教而使其家族中五十多位和他差不多情況的親戚推遲入教而感到痛心疾首。還有一位「熱忱的基督徒」死後，爭取其妻子和子女入教也沒有可能。[171]

外國傳教士在傳教時由於語言不通，人數很少，教案期間又不敢拋頭露面，擔心被官府發現，加上對中國的民情、風俗知之甚少，他們常通過備人、中國傳道員宣傳教義。沙守信曾對郭弼恩神父訴苦，說他為學習漢語花費了大量時間和努力而收效甚

---

170 〔法〕杜赫德著、耿昇譯《耶穌會士中國書簡集》第一卷第 218 頁：「撫州北門居住了三個家庭，都得了一種便血的疾病。第一個家庭請了和尚來行禱告和獻祭犧牲品等儀式，然而一個孩子還是不到十天就去世了；第二個家庭則在孩子彌留之際，驚慌失措地跑到教堂，要求為這孩子施洗禮。神父施洗過後，當天出血就停止後，孩子的病被治癒了。全家九口人全部接受了洗禮，入了教。」

171 參見〔法〕杜赫德著、耿昇譯《耶穌會士中國書簡集》第一卷，第216-217 頁。

微。他們常常請傭人教會他們傳教時要用到的一些語言，練習熟練後才在大庭廣眾之下進行演說。[172]傳道員多為當地信徒，會說本地語言，瞭解本地風俗。他們對基督教有著虔誠的信仰和奉獻的熱情，樂意協助教堂神父與教徒或非教徒進行溝通接洽。傳道員最早在江西出現是在康熙三十九年[173]，他們常常在某個中心教區接受一定培訓後，再分赴各個鄉村地區講道，扮演著傳教的「先行者」角色。傅聖澤剛到撫州時，準備為一位病入膏肓的婦女受洗，就是這位婦女的丈夫先告訴傳道員，再由傳道員到教堂去通知神父。後來，這位丈夫拒絕讓其妻子受洗，也是由傳道員去轉告神父的。在其他許多地方發展教徒的例子中，都可以看到傳道員努力傳教的身影。馬若瑟在南豐鹿崗村傳教時，已經有傳道員先於他在那裡講道。馬若瑟也承認：「由於在這個對我說來語言不通的國度裡，傳道員比我能講解得更清晰明了，他對他們的教育比我更有效。」[174]

雖然傳教士將傳教對象更多地轉向城市貧民和鄉村的普通百

172 〔法〕杜赫德著、耿昇譯《耶穌會士中國書簡集》第一卷第 243 頁：「沙守信神父致郭弼恩神父的信。」信中說道：他剛到中國時，每天花八小時抄寫詞典，整整花了五個月時間，才最終能夠閱讀漢語書籍；為了辨識漢字，專程找了一位中國文人，每天早晚各三個小時學習，稱「要不是為了上帝，我們是決不會自討苦吃去學它的」。

173 參見 Alan Richard Sweeten, *Christianity in Rural China: Conflict and Accommodation in Jiangxi Province*, 1860-1900, Ann Arbor: University of Michigan Press, 2001,p.27。

174 Alan Richard Sweeten, *Christianity in rural China: Conflict and Accommodation in Jiangxi Province*, 1860-1900,p.223.

姓，並且取得了不錯的成績，但他們並沒有放棄尋求更多的官府支持和向士大夫階層傳教的努力。殷弘緒曾記敘了康熙五十一年在饒州教堂集中教徒求雨應驗，因而得到道台信任的故事。[175]法國傳教士傅聖澤在撫州傳教時，趁士子會聚州城參加鄉試時，「常集士子多人為之講說教義，並以前輩教師所撰之書籍贈之」[176]。此舉意在將天主教引入士大夫圈子，使更多的上層士大夫接受天主教義。他說他的努力沒有白費，至少有一位文人在看了書以後，接受了洗禮；還有一位官吏，年輕時接受了湯若望的宗教書籍，老年致仕後率領全家領洗；[177]一位官員本人雖不信教，但他動員其母、妻子、子女、兒媳及多數僕人公開信教，還在衙門內建了一座小教堂。

3. 天主教與佛道的衝突

天主教進入民間社會，挑戰了佛教和道教的信仰權威，必然受到二者的敵視。佛道崇拜在江西鄉村社會相當普遍，民間對這兩種宗教的信仰超過傳教士的想像，以致於傳教士常常面對百姓家中舉行隆重的法事、道場表示出深深的悲哀和無可奈何。沙守信在撫州傳教時，一位婦女臨終前想受洗入教，但當地僧人得知消息後，馬上找到她的丈夫，阻止了他去找傳教士的行動，並向

---

175 參見〔法〕杜赫德著、耿昇譯《耶穌會士中國書簡集》第二卷，第57-69頁。

176 〔美〕費賴之著、馮承鈞譯：《在華耶穌會士列傳及書目》，第556頁。

177 Alan Richard Sweeten, *Christianity in rural China: Conflict and Accommodation in Jiangxi Province*, 1860-1900, p.212.

他說傳教士帶著「他的由來,是想把病人的眼珠挖出來」[178]。於是這位婦女沒有受洗就死了。

十八世紀初,傅聖澤剛到撫州時,遇到張天師率眾弟子到達撫州。他記錄下見到的天師模樣:「當時道士的首領『張』來到撫州,人們稱他為『天師』,也就是天上的醫師之意,這個頭銜是世襲的,不管他的兒子多麼無知多麼愚蠢,他也像他的父親那樣叫做『天師』。現在統轄『道士』的那人年齡在三十歲左右,很討人喜歡,也樂善好施。他穿著華麗,坐在一把豪華的椅子上,有八個人抬著走。他經常這樣在全國各地行走,看看他的手下,收收銀兩。由於這些道士都得聽命於他,為了得到他的賞識和維持他們的特權,他們被迫向他送禮……」[179]言辭之間對道教的排場充滿不屑。

治病、驅鬼,是各種宗教在下層社會傳播的一種重要手段。在傳統中國社會,民眾對佛道的依賴由來已久。「天花娘娘」、「送子觀音」、法師、師公,是百姓日常生活中的重要內容。由於貧困,普通人家生病後無力延請醫師,最普遍的方法是到當地的廟裡燒香拜菩薩。即使是富貴人家,也更願意請和尚、道士到家中驅除惡鬼,化險為夷,而不願信任醫生。天主教面對這一現實,只能悲嘆百姓的愚昧,它像一個陌生人一樣,來到家門口,

---

178 〔法〕杜赫德著、耿昇譯:《耶穌會士中國書簡集》第一卷,第 245 頁。

179 〔法〕杜赫德著、耿昇譯:《耶穌會士中國書簡集》第一卷,第 213-214 頁。

卻無法得到主人的信任而進入家中。它只能以同樣的、然而更有效的方式來博取百姓的信任，獲得接納。撫州一名女子染病，家人先後求助了和尚、張天師，花了大筆銀子，卻無濟於事，在旁人的提議下，求助於上帝。結果在沙守信等幾位傳教士將十字架、耶穌像、念珠和聖水放到病人家中，病人的瘋病立即被治好了。為此，病人全家八口人受洗入教。[180]傅聖澤記載了福建汀州上杭（當時屬於江西教區管轄）發生的一個家庭先後請和尚、道士和傳教士驅鬼的故事。[181]最後的結果是這家人全家入教，並且

---

180 〔法〕杜赫德著、耿昇譯《耶穌會士中國書簡集》第一卷第 216-217
頁：「一位青年女子感染瘋病，發作時歇斯底里，大聲喊叫。娘家把
她接回去，她又把病傳染給了幾位親人。家人沒有辦法，只好去求助
和尚，花了大筆銀子做法事，也不見效。這時，正好張天師率眾弟子
來到撫州。全城人都去看天師，希望天師能為他們治病去災。這家人
求僧無望，於是也轉而求助天師。交了錢之後，天師交給他們一根寫
滿咒符的木棒，然而仍然無濟於事。就在這時，這家人的一位信教朋
友建議他們求助上帝。當時在撫州城傳教的沙守信派出幾位傳教士來
到病人家中，將十字架、耶穌像、念珠和聖水放到病人家中，奇蹟出
現了：病人立即停止大喊大叫，安靜下來。在場圍觀的和尚和百姓對
此不屑，認為這只是巧合。然而當傳教士一離開，病人又發作了。於
是，這家人在傳教士治好他們的病後，有八口人立即受洗入教。」
181 〔法〕杜赫德著、耿昇譯《耶穌會士中國書簡集》第一卷第 219 頁：
上杭有一戶非基督教家庭家中鬧鬼，這戶人家被折磨得疲憊不堪，於
是求助於各種宗教：他們先求告於和尚，無濟於事；於是又請了一批
當地人稱為「師公」的人，最先來了三人，後來增加到十人，舉行儀
式，每天引來各種各樣的人圍觀；師公驅鬼失敗後，這家人又召請道
士，但當他們的腳一踏進屋子，就突然遭到一陣冰雹般的石頭的襲
擊⋯⋯於是在一位基督教徒的提醒下，向上帝求助。這位教徒認為自
己新入教不久，還是有罪之身，沒有資格向上帝提出請求，要他們請
鄰居的和城內的其他教徒去做儀式。並且聲明不吃飯，不要錢。這家

表現出篤定的信仰，對偶像崇拜「極端地反抗」。

4. 禁教時期江西的天主教

「禮儀之爭」後，雍、乾、嘉、道四朝厲行禁教政策。雍正二年（1724 年），雍正頒諭全國禁教，從此開始了漫長的「百年禁教」時期，直到道光二十四年（1844 年）道光帝與法國簽訂《中法條約》，正式廢除禁教令。在這一百多年間，天主教被明令禁止。在中國許多教區，廣大教徒長年見不到一名傳教士。一些宗教儀式，如給新生嬰兒的洗禮、婚喪時的禮儀、日常禱告等等也無法正常舉行。然而，江西各地還保留著相當一批教徒。在漫長的半個世紀，這種信仰，或者更應該說是一種教徒身分，一種家族傳統，作為遺產一樣繼承下來。

在禁教時期，江西仍有相當數量的中外傳教士。在贛縣，禁止傳教之時，仍有一意大利籍耶穌會士隱居在縣城東門外，祕密傳教。在江西境內活動的不僅有耶穌會士，也有天主教其他修會派出的傳教士。他們當中一些人繼續祕密傳教，另一些則借江西作為避難所，暫時居住以躲避教難。由於禁教，繼續祕密傳教的

人似乎有了皈依的打算，然而還在猶豫，於是魔鬼繼續作惡，終於使他們無奈之下，請求這名基督徒給予幫助。這名基督徒推辭不過，帶上念珠和聖水，「跪在地上，臉面貼地，做了祈禱。接著他拔去了僧道們的各種標籤和告示，將這些別人碰都不敢碰的烏煙瘴氣的東西踩在腳下，然後扔進火裡。卻除了所有這些迷信的東西之後，他使這戶人家獲得了徹底的和平和安寧，自此再也沒有受到過侵害」。這家人家後來全家受洗，而對其他宗教的偶像崇拜表現出極端的反抗，因為有一次他將一塊寫有他名字，並準備安放在寺廟裡的木板「奪了過來，當著那些人的面將木板砸得粉碎」。

傳教士們行蹤不定，多數隱藏在教民家中，或喬裝改扮，以躲避官府的追查。

　　馮秉正是一位法國傳教士，康熙四十六年（1707 年）他在江西傳教時，「曾感受嚴重仇教事件三次」。從康熙四十九年開始，馮秉正與雷孝思、德瑪諾兩位神甫測繪河南、江南、浙江、福建、臺灣及附近諸島地圖。他利用這個機會，常往來各地傳教，鼓勵教民。康熙五十四年，他在九江傳教期間，給科洛尼亞神甫寫了一封信，信中論及臺灣、澎湖諸島事宜。馮秉正在江西活動期間，正值禁教前夕，朝廷雖未正式下令嚴禁，但是對天主教的態度已從默許轉為遏制，不少地方的傳教活動受到官府的打擊，但是傳教士的行動還較自由，傳教活動也處於半公開狀態。

　　雍正頒布禁教令前後，有幾位傳教士在江西居住過一段時期。意大利傳教士利國安是一位身分很高的傳教士，他早在康熙三十六年即來華傳教；活動二十餘年，後於康熙五十七年被召至北京；兩年後，被任為中國日本視察員。由於得罪了康熙，被加鎖鏈入獄；獲釋後，離開北京。康熙六十一年至雍正三年（1722-1725 年）他在江西；雍正頒布禁教令後；他被迫謫居廣州，雍正五年歿於澳門。利國安從皇帝身邊被趕到江西，正是印證了清代天主教從興盛到衰弱的軌跡。

　　因為同樣原因而流落江西的還有一位傳教士駱保祿。他於康熙三十三年（1694 年）來華，主要在河南開封、福建福州、興化等地傳教，被譽為「最初闡明中國猶太教徒之狀況第一

人」[182]，任耶穌會北京會團長。他到江西贛州是在雍正二年禁教令頒布時，離開北京謫居廣州之前，隱居於贛州若干時間，當時他已有七十八歲高齡。

波希米亞傳教士嚴嘉樂也到過江西的九江、南昌地區，他時常往返於北京和江西兩地，他在南昌時寫過兩封信，時間是雍正元年八月七日和十月十四日，信中言及康熙駕崩、雍正嗣位等事。還有一位有明確史料記載的是法國傳教士石若翰，他於乾隆五年（1740年）來華，乾隆四十三年因躲避教難而藏身江西。

乾隆年間清廷對待天主教十分嚴厲，但這時的江西也不乏傳教活動。一位叫陳多祿的中國籍耶穌會士就以醫生的身分祕密傳教。他是蘇州人，雍正十二年（1734年）八月被派往江西傳教。由於身為醫師，因此「得入他人所不能入之家宅，於診治疾病之餘，兼為靈魂之救贖」[183]。直到乾隆五年（1740年）時可能仍在江西臨江府活動。

乾隆十二年三月，鄱陽縣逮捕了一位德國傳教士李世輔，他於乾隆五年進入中國，在山東、陝西二省傳教，此次在途經江西時被捕。由於此時正值乾隆禁教高峰，江西巡撫開泰將此事上奏給了皇帝。乾隆命將該傳教士「在江西省城永遠牢固拘禁」[184]，

---

182 〔美〕費賴之著、馮承鈞譯：《在華耶穌會士列傳及書目》，第474頁。

183 〔美〕費賴之著、馮承鈞譯：《在華耶穌會士列傳及書目》，第765頁。

184 《清史編年》卷五，中國人民大學出版社2000年版，乾隆十二年三月（1747年4月）。

因為他擔心讓洋人押解回國，洋人會「捏造妄言，肆行傳播」。李世輔就此被監禁在江西，一七五四年才被釋放，被押解回澳門。

江西在這一時期並非傳教士的重點活動區域，但它連接北京與廣州兩個天主教重要活動城市，因此成為外籍傳教士北上和南下的重要樞紐。在禁教時期，出入江西的傳教士有三種：一種是被朝廷驅逐出境，押解途中經過江西；一種是祕密潛入中國內地時途經江西；還有一種就是負有特殊使命的傳教士。乾隆五十二年，一位教徒向官府舉報：耶穌會士楊德望隱居在江西，祕密幫助教會運送物資。因為江西「為廣州、北京與各省交通集中之所」，教徒從北京及其他各省運送物品至廣州，需先送到楊神父的住所，在此匯齊之後再送到廣州。教徒由廣州返還北京時，也在楊神父的住所中轉。[185]楊德望於當年五月被捕入獄。他是北京人，兩次被派往江西，都是肩負教會物資在江西中轉的重任。

在朝廷禁教暴風雨來襲時，江西成了傳教士的避風港，利國安、駱保祿等耶穌會的高層傳教士在謫居廣州之前，都選擇留住在江西一段時間。也許他們是想觀望一陣，看看這陣風暴要多久才會過去，當明白形勢不對時，不得已而黯然離開。江西成為這些洋傳教士的一個「中轉站」和「收容所」。在禁教最嚴厲的時期，江西又成為連接南北通道，運送物資的樞紐，傳教士和教徒

185 參見〔美〕費賴之著、馮承鈞譯《在華耶穌會士列傳及書目》，第973-974頁。

蟄伏在這一地區，祕密活動，使天主教得以喘息和延續。特殊的地理位置為江西的天主教「禁而不止」提供了便利條件。

這個時期許多縣第一次傳入了天主教。大部分縣市都在本地建有教堂，傳教活動就在教堂中展開。但是，由於朝廷的禁教政策，導致教案頻繁，外籍傳教士要麼出逃離境，要麼藏匿在教民家中，傳教十分不便，大部分教堂或教區都沒有常駐教士，而是由中國籍神父或村民自行主持教務。南康縣在天主教傳入初期，無常駐神父管理教務，只是每隔數年由澳門教區派神父來一次訪問教徒。樂平的天主教由一位本地人從婺源縣引入，部分村民開始受洗入教，並在村中建立教堂傳教。不久因為發生教案，傳教士離去，當地教務一直由本村教徒自行主持。而萬安的天主教由一劉姓商人從建昌帶回本地，並在龍溪的竹頭坳創辦教會公所，有自贛州、南康一帶遷來萬安的教徒五十多名，由贛州派來的德國籍穆神父及南康來的中國籍陳神父傳教。

屈指可數的外籍傳教士遠遠無法滿足內地傳教的需要，一些平民教徒試圖從澳門祕密接引外籍神父進入內地傳教。為此，乾隆年間發生了一起江西教徒去澳門邀請外籍神父，結果在廣東被查獲的教案。

盧陵縣廈下村（又作社下村）一位平民教徒吳均尚派遣萬安縣教徒蔣日達、劉芳名赴澳門邀請西洋神父來本地執掌教務，將安當、尼都兩位洋神父改裝前往江西，結果一行人在途經廣東時被官府查獲。吉安府知府李源聞訊後，立即帶著一批官員，祕密趕到廈下村，將吳均尚父子逮捕歸案，在吳家搜查出天主教經像同時，在同村的蕭祥生、蕭鼎生、吳賢運、吳魁士等家也搜出經

像等物。審訊時，吳均尚供稱：「乾隆二十一年，曾有已故村民劉若漢，請西洋人林若漢至村，傳習天主教，後聞查禁，林若漢隨即回去。今年二月，曾托萬安縣同教蔣日逵赴廣東，仍尋林若漢主教來傳教。還有贛州人劉芳名同去。」與此同時，萬安縣知縣胡萬年也在鄉民劉其、王保祿、蔣云善家中查出天主教經像等物。但在審訊時，也許是懼怕官府，這些教徒都否認自己信教。蕭祥生等供稱：「祖上曾習天主教，今無人傳授，已經不習。」「祖上遺留，近已教法失傳，並未習教。」蔣日逵即蔣云善之子，據蔣云善供稱：「蔣日逵……向習醫道。今年四月赴廣東買藥，他怎樣受吳均尚囑託，去尋西洋人林若漢來傳教，並不知道。」

此案涉境粵贛兩省，牽涉江西盧陵、贛縣、萬安等三縣，是乾隆年間影響較大的一起教案。此案處理結果：吳均尚發配伊犁，蕭氏兩兄弟發配新疆，安當、尼都兩洋教士被遣送回國。實際上，我們從這起教案中可以發現，天主教在朝廷的禁教政策打壓下並沒有銷聲匿跡。盧陵、贛縣和萬安的這些信教者當中以父子、兄弟、叔伯等親屬關係居多，均為祖上就開始信教，信教傳統在家族中由來已久；並且教徒家中都藏有天主教經像，有的居然敢公開懸掛在家中；這些教徒還遵循天主教的傳統，每月吃齋。可見，即使在嚴厲的禁教時期，吉安、贛州一帶仍有天主教活動的蹤跡。

5. 遣使會在江西的傳教

乾隆四十三年（1778 年），羅馬教廷解散耶穌會的詔令在中

國宣布，耶穌會士被迫離開中國，遣使會[186]接替耶穌會在江西傳教，傳教活動一直持續到一九四九年。[187]

「禮儀之爭」使中國的天主教命運發生重大轉折，教會也意識到中國上層社會人士因為篤信孔子和日常敬奉祖先，不太可能接受天主教；士大夫對待西洋科學亦不如明末清初那樣好奇，因當時不少西文書籍都已譯成中文，可以閱讀。禁教政策使得傳教只能祕密進行，於是傳教方針由原先的偏重上層人士轉向下層貧苦百姓。

道光十八年（1838 年），由遣使會正式接管江西教務時，共有教徒九二三人。早期進入江西的遣使會傳教士和禁教時期的耶穌會士一樣，必須在艱苦的環境下祕密傳教。有記載最早進入江西的遣使會士是法國籍神父劉格來。他於乾隆五十七年（1792 年）前往湖北時途經江西，在江西停留了近一年。他在給教會的信中提到：「我已為一百多名受過良好教育的成年人受洗。本來我可以為更多要求這項榮譽的人受洗，但我認為他們還沒有足夠的經文知識，而且我們發現，輕易受洗的望教者（catechumens）

---

186 遣使會（Vincentians 或 Lazarists），又名味增爵會，於 1625 年由聖味增爵（1581-1660 年）創立，培植派遣往外方傳教的人士，故稱遣使會。與耶穌會士的上層傳教路線不同，它的宗旨是為貧窮人傳布福音。遣使會於 1699 年進入中國，起初只是少數會士；1783 年，教廷命遣使會繼續耶穌會的工作。

187 遣使會在江西的力量一直持續到 1949 年，當時它仍轄有河北省一大部分及浙江、江西二省，共十一教區，教徒約四十餘萬。

在迫害面前也輕易地投降。」[188]

　　劉格來離開江西後，時隔四十多年，即十九世紀三十年代初，才有第二位遣使會神父入贛，他是法籍神父和德廣。道光十二年（1832 年），他乘船從澳門到福建，登陸後進入江西東部，沿著這條路線他來到建昌府九都村（今南城徐家鄉，民國以前又稱渭水鄉），此後即以此地為據點，走訪散布在各個鄉村的天主教徒。他在這裡的傳教活動是半公開的，而且非常成功，到道光十八年，九都已成為他傳教活動的中心。當時建昌府大約有一六〇〇名教徒，大部分都集中在九都及周圍村莊。[189]

　　與和德廣同時來華的法籍神父張導元，此期間也在江西傳教。道光十八年江西成為獨立的宗座代牧區後，他被任命為第一任主教。他在江西創辦了第一所教會學校。

　　十九世紀二十到三十年代在江西傳教的還有兩位神父，一位是沈西祿（1769-1827 年）在蒙古及江西傳教，另一位是陳安當（1778-1835 年）在湖北、江西傳教。[190]與此同時，在江西傳教的還有其他修會的傳教士。例如：耶穌會解散之後仍然有幾位耶穌會士留在江西傳教；方濟各會和多明我會士也有江西活動的蹤

188 "Vincentian Missions in China." Perryville, Mo.: St. Mary's Seminary, n.d., pp.2-3,參見 Alan Richard Sweeten, *Christianity in rural China: Conflict and accommodation in Jiangxi Province*, 1860-1900,p.19。

189 參見 Alan Richard Sweeten, *Christianity in Rural China: Conflict and Accommodation in Jiangxi Province*, 1860-1900,p.19。

190 參見 Alan Richard Sweeten, *Christianity in Rural China: Conflict and Accommodation in Jiangxi Province*, 1860-1900,p.20。

跡，[191]但人數並不多。

在江西傳教的遣使會士中，以法國籍神父居多。這是因為道光十年（1830 年）以前，葡萄牙曾因享有保教權，派遣來華的遣使會士特別多，但他們大部分集中在澳門，沒有深入內地；而在道光十年以後，法國派遣了數位遣使會士來中國。至道光二十年，全國共有一二〇位神父，包括四十位客籍神父和八十位中國籍神父，這其中，遣使會士占了五十位。

與耶穌會士進入中國內地的路線一樣，遣使會士也是先從澳門進入廣東或福建，再途經江西北上，江西成為遣使會士進入中國內地的必經之地。道光十五年，法籍傳教士董文學離開澳門前往湖北武昌時，曾以江西為中轉站。他和巴黎外方傳教會的一位馬神父於道光十六年三月來到江西，拜訪了在江西傳教的張導元神父，一起過了復活節瞻禮，之後來到建昌，由此坐船前往湖北武昌傳教。事實上，在某些特定時期內，江西並不是一個傳教中心，而是因其地利之便，成為眾多傳教士的途經之地，而江西的天主教的傳播在很大程度上仰賴於這一地理優勢而得到較大發展。

---

191 據 Alan Richard Sweeten 引自 *Annales de la Congrégation de la Mission*，稱一七七〇年有位方濟各會士在贛南傳教，「十餘年間都和一位虔誠的天主教徒住在一起」。 道光年間（1821-1850 年）初期，一位方濟各會士在江西南部的贛縣鄉下買了一塊地，建了一所教堂。1843 年，有一名多明我會士曾在江西活動過。參見 Alan Richard Sweeten, *Christianity in Rural China: Conflict and Accommodation in Jiangxi Province*, 1860-1900,p.18，p.20。

遣使會在江西傳教一個多世紀，不僅將耶穌會士創建的天主教傳統延續下來，而且在此基礎上，教區劃分更加細密，教徒人數增多，教堂的建設較以往更加頻繁。到一八四一年，江西有六九九八名教徒、一位主教、六位遣使會牧師和一位多明我會牧師。一八四九年，教徒人數增加至八五三六人，共建有二十五座教堂和禮拜堂、一座神學院和八所教會學校。[192]當代江西境內的天主教信仰傳統和民眾基礎，基本上是在遣使會傳教時期的基礎上保留和發展而來的。

第五節 ▶ 戲劇與繪畫的成就

一　蔣士銓與《藏園九種曲》

蔣士銓，字心余，一字苕生，號清容、藏園，晚號定甫、離垢居士，江西鉛山縣人，是清代乾隆年間著名的戲曲文學家。

蔣士銓生於清雍正三年（1725 年），乾隆二十二年（1757年）得中進士，三年後授翰林院編修。乾隆二十九年，蔣士銓因久未陞遷，便辭官南歸，此後歷主紹興蕺山書院和揚州安定書院。乾隆四十二年，蔣士銓再次入京，官國史館纂修。乾隆四十八年，蔣士銓因身體不適，又辭官歸里。乾隆五十年，病逝於南

---

192 參見 Alan Richard Sweeten, *Christianity in Rural China: Conflict and Accommodation in Jiangxi Province*, 1860-1900,p.20。

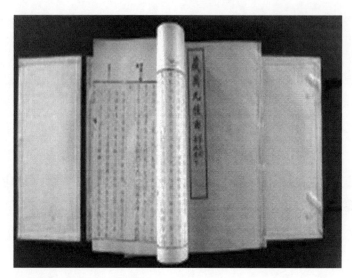

・藏園九種曲（李平亮提供）

昌。

　　蔣士銓的文學成就，主要體現在詩文和戲曲兩方面，其中尤以戲曲成就最為後人推崇。《清代學者像傳》有云：「詩古文詞負海內盛名，古詩勝近體，七古尤勝，蒼蒼莽莽，不主故常。而最擅長莫如曲，直造元人堂奧。」蔣士銓的詩文，與同時代的袁枚、趙翼齊名，並稱「乾隆壇三大家」。乾隆帝在賜予南昌人彭元瑞的一首詩中，將彭與蔣士銓稱為「江右兩名士」。李調元在《雨村詩話》中，則對蔣士銓的戲曲成就有這樣評價：「鉛山編修心余士銓曲，為近時第一。以附有詩書，故隨手拈來，無不蘊藉，不似笠翁輩，一味優伶俳語也。」

　　蔣士銓一生創作的戲曲有三十一種，其中有十五種未傳於世，現已刊行的有《一片石》、《空谷香》、《桂林霜》、《四弦

秋》、《雪中人》、《香祖樓》、《臨川夢》、《第二碑》、《冬青樹》、
《康衢樂》、《忉利天》、《長生籙》、《昇平瑞》、《廬山會》、《採
樵圖》、《採石磯》等十六種。前九種有書坊漁古堂刻本，稱《藏
園九種曲》，也有《紅雪樓九種曲》、《蔣士銓九種曲》、《香祖
樓九種曲》、《九曲傳奇》等不同的合刊版本。九種曲中，有三
種為雜劇，其餘六種為傳奇。

九種曲的創作，是蔣士銓的個人才情、歷史事件與地域文化
相融合的結果。在《空谷香》劇中，蔣士銓運用了詩歌的手法，
表達了兩次落第後的心境，同時也使戲曲的文本趨於通俗化；在
《一片石》、《第二碑》、《冬青樹》這三部劇中，蔣士銓分別以
婁妃和文天祥、謝疊山以身殉國的壯烈事蹟為藍本，既使曲本展
現出一種史詩般的崇高與悲壯，又高揚了「節義之邦」的地方文
化特色；在《雪中人》、《一片石》兩劇中，充滿了對疍民的生
活習性、猺僮蠻歌、贛地秧歌與方言土語的描述與刻畫，真實地
展現南方土著民俗及江西民間風俗的景象[193]；《四弦秋》、《臨
川夢》、《採石磯》三劇，則充分抒發了作者仕途失意的心境，
揭示了蔣士銓終其一生無法釋然的循吏情懷，以及無盡的淪落之
感。[194]

蔣士銓的《藏園九種曲》，既在理論上繼承了前人的「風教

---

193 參見龔國光《江西戲曲文化史》，江西人民出版社 2003 年版，第 255-
284 頁。
194 參見林葉青《一代才人的情志「淪落史」–論蔣士銓的三部文人故事
劇》，《藝術百家》2001 年第 1 期。

觀」，提高了戲曲的社會教育功能，又對其後及近代的戲曲創作產生了深遠影響。蔣士銓以高超的藝術技巧，將劇作內容與藝術形式完美結合，使雅音深入人心，成為繼清初洪昇、孔尚任之後的又一藝術大家，為崑曲的謝幕畫上一個圓滿的句號。

二 江西地方戲的勃興

清代，宜黃腔的崛起和花部亂彈的勃興，使江西戲曲迅速發展，產生了一批地方劇種。這些以所在河流和地域命名的地方大戲，主要有東河戲、西河戲、寧河戲、饒河戲、信河戲等五大劇種。

1. 東河戲

東河戲又稱東河班，起源於贛縣和興國交界的田村、白鷺及睦埠一帶，因該地區位處東河流域（即貢水流經地區）而得名。東河班的形成，源於明嘉靖時期當地舉行廟會時的「坐堂班」和「扮故事」。坐堂班為當地廟會期間，香客帶來的歌舞樂隊。每班五六人、七八人不等。扮故事是以童男童女，扮作神話傳說和民間故事中的人物，肩抬遊行，以示吉慶。明萬曆時期，田村一劉姓與睦埠劉仁全合夥，邀集一批學館師生，在坐堂班的基礎上，吸取「扮故事」形式，加上頗具地方特色的鑼鼓，嘗試將其搬上舞台表演。清順治三年（1646年），劉仁全等人的繼承者，正式成立了演唱高腔大戲的班社——玉合班。玉合班的誕生，標誌著東河戲的形成。

玉合班成立後，不斷吸收其他唱腔和表演形式，逐漸發展為一個三腔合一的劇種。順治十一年，一批蘇州崑腔藝人來到贛

·贛縣白鷺村福神廟傳統戲台外牆繪畫（梁洪生攝）

州，糅合玉合班，建立雪聚班，後改凝秀班。康、雍年間，一位在贛縣為官的宜黃人，帶來了宜黃調，此為東河戲吸納二黃（二凡）調之始。咸豐年間，當地藝人丁仔將桂劇西皮戲，授以東河戲藝人。[195]光緒時期，湖南祁戲又為東河戲注入了新的內容，東河戲成為一個集高腔、崑曲、皮黃等多種聲腔於一體的獨特劇種，形成了具有地方特色的東河崑腔體系。據稱，在鼎盛時期，東河戲共有班社三十餘個，劇目有《目蓮》、《岳飛》、《封神》、《三國》以及《東、西、南、北遊記》八種連台本大戲，高腔劇目二五〇出，崑腔劇目一〇四出，其他劇目五一八出。演出範圍

195 參見廖祥年《江西名戲–東河戲》，《華夏文化》2004 年第 4 期。

除江西南部各縣外，還流傳至鄰近的遂川、泰和、吉安、萬安等縣，以及閩西的連城、寧化和粵北的南雄、始興等地。[196]

2. 西河戲

西河戲又稱「彈腔戲」，俗名「星子大戲」，是清代江西地方大戲之一。該劇中主要流行於北部地區的星子、德安、九江等縣。其主要聲腔為皮黃，因有西河水流經星子，故又稱「西河戲」。

西河戲的形成，源於德安縣的湯家戲班及其表演的簧皮戲。清乾隆時期，贛江下游的南昌地區，以及西河流域的永修、德安、九江、星子等縣，是弋陽腔、宜黃腔、青陽腔和湖北漢劇頻繁活動的地區。清嘉慶年間，諸腔合流，首先在南昌形成一種亂彈班，影響甚廣。清道光年間，德安縣高塘鄉藝人湯大樂先後在南昌的亂彈班和漢口的漢劇班演戲，後回鄉與兄湯大榮一道組織湯家戲班，排演簧皮戲。同時還在德安縣城郊建造樂王廟，以樂王菩薩為彈腔戲之祖，使西河彈腔迅速在當地傳播開來。

清中葉，西河大戲開始由德安湯家向星子縣周家轉移。早在道光末年，湯大樂由德安至星子教戲，並與星子湯姓建立了該縣第一個彈腔戲班——義和班，演出劇目三十餘出。同治十三年（1874年），在湯氏兄弟去世後，星子藝人周自秀出任班頭，改戲班名為青陽公主星邑義和班。其子周招生與其孫周楊鑫、楊銀、楊錠，「均能繼續先人之業」，先後成為義和班的骨幹成員。

---

196 參見戚齊孟《東河戲》，載《贛縣文史資料》第3輯。

在周氏三代及郭德英、劉忠化、黃以政等藝人的努力下，星子西河戲不斷發展。戲班不僅在星子本地常有演出，還逐漸擴散到永修、德安、九江、都昌等地。所演的劇目有大本戲《打龍蓬》、《清官冊》、《反昭關》、《三關調將》、《白虎關》、《二進宮》等五十餘出，小本戲三十餘出。唱腔以二黃、西皮為主，演出多沿高腔舊習。角色分為十大行，即一末、二淨、三生、四旦、五老、六外、七丑、八貼、九小、十雜。

·湖口縣石鐘山戲樓戲曲木雕之一：《三官堂》

·湖口縣石鐘山戲樓戲曲木雕之二：《擊鼓罵曹》（李平亮提供）

　　自光緒時期始，西河戲先後融合了其他流派，進入到一個繁榮階段。光緒十四年（1888年），星子人劉郭原，從瑞祝班歸來加入義和班，並繼周自秀出任班頭。光緒十五年，星子人湯再樹將漢劇的元素注入到義和班。不久，星子人萬正榜又為班社添加了饒河戲的成分。這些從外地帶來新的劇目，改造了一批西河戲的老唱腔，大大豐富了西河戲的演出內容和形式。宣統二年

（1910年），義和班為滿足各地演出的需要，分為南、北兩班。北班以溫泉一地為中心，班主由湯再樹接領，南班以蘇家墾為基地，由周招生領班。南北兩班所到之處，「人皆津津樂道以為快」[197]。

義和班的繁榮，帶動了民間演劇的發達。據稱，當時星子各地幾乎每村都建有供奉樂王菩薩的神廟，增修了大量的戲台。每年的八月二十八日，村人都會做樂王會，祭祀戲神。每逢年節，村村聘請戲師，排演劇目，通宵達旦，數日不絕。

3. 寧河戲

寧河戲古稱「寧州大戲」，發源於南昌府義寧州，流播於今江西西北地區的修水、武寧、銅鼓等縣以及贛、鄂、湘毗鄰地區，是清代江西又一個具有鮮明地域特色的地方大戲。

清代義寧州（今修水縣）的寧河戲，源於明代的儺戲。據同治《義寧州志》記載，明代以前，修水民間形成敬儺神之俗，「鄉村都社各奉神為儺，競立儺案，每當酬神還願，獻以歌舞，謂之『儺歌』、『儺舞』」。至嘉靖、萬曆年間，儺歌、儺舞在吸收弋陽腔的基礎上，逐漸衍變成儺戲。每年八月初，鄉人都會舉行迎神賽會，出演戲劇。由於「鄉里演戲，謂之行儺」，故始有「無儺不開親，無儺不成戲」之說。不過，當時儺戲的表演，均是由鄉民在農閒時完成，並沒有形成專業性的演出班社。隆慶元年（1567年），義寧州的儺戲演出進入到一個新的發展時期，出

---

197 龔國光：《江西戲曲文化史》，第142-143頁。

現了第一個儺戲案堂班——小溪三帝案三元班。至萬曆年間，又先後出現了上源余太公案的春林班、全豐戴太公案鳳舞班、大橋馬爺案同慶班、噪口肖爺案鴻雲班等班社。這些班社活躍於鄉村各地，演出《目蓮傳》、《征東傳》、《西遊記》等劇目，所演唱的腔調為儺戲與弋陽腔混交而成的高腔。

清代是寧河戲形成與發展的重要時期。自康熙年間起，義寧州的案堂班先是從徽班吸收了石牌腔和九腔十牌子等曲牌吹腔，以及《神州擂》、《蜈蚣嶺》、《採石磯》等劇目，繼而又從宜黃戲吸收了「二凡」及《清官冊》、《下河東》、《三官堂》、《釣金龜》、《假棺材》、《滿門賢》、《全家福》、《琵琶上路》、《雙貴圖》、《探五陽》、《萬里侯》等劇目，從而發展為融高腔、崑曲、吹腔、徽調及民歌小調於一體，具有地方特色的多聲腔的寧河戲。寧河戲的成型，又進一步刺激了戲曲活動的興盛，修水境內出現了「寧州十八班」。清代中葉，寧河戲聲腔又一次發生了重大變化，而導致這次轉變的是楚腔西皮調。據載，道光丁未年（1847），湖北崇邑三勝班到義寧州的溪口、山口等地進行了長時間的演出，對當地的班社產生了極大影響，「寧州十八班」之首的三元班，以及春林、鳳舞、同慶、舞雲、鴻雲等班都吸收了楚腔的西皮調，導致寧河戲中高腔、吹腔、徽調日趨衰微，形成以皮黃為主體的聲腔。[198]

---

198 參見張待檢《山谷幽蘭倍風流–修水寧河戲與寧河戲劇團始末》，《修水報》2006 年 6 月 27 日。

寧河戲由高腔向西皮的轉變，為自身進入鼎盛時期創造了有利條件。首先，義寧州的班社藉助所唱聲腔，與湖北的漢劇班、湖南的巴陵戲班互相搭班，進一步豐富了寧河戲的聲腔和劇目，擴大了自身的影響。其次，隨著寧河戲演出地域的擴大和演出次數的增加，許多新的班社應運而生。至光緒年間，義寧州不僅有三十一個案堂班（其中七個儡

・武寧縣東嶽廟寧河戲壁畫之一：《程敬思解寶》

・武寧縣東嶽廟寧河戲壁畫之二：《鬧昆陽》（周秋平提供）

儡班），還有了五個職業戲班。這些案堂班的演出，一般以所奉儺神的香火範圍為中心，其演出範圍集中在修水、武寧、銅鼓一帶，許多班社甚至還有固定的演出場所。如三元班的演出地，就是乾隆三年（1738 年）建造的三元殿。案堂班在完成祀神任務後，也可於八月到毗鄰地區作營業演出，謂之「唱賣戲」，如三元班到湖北崇陽、春林班到湖北通城、同慶班到湖南平江。民間職業班社除在修水、武寧、銅鼓演出外，還往來於高安、上高、

奉新、宜豐、萬載，遠至饒州、贛州。再次，聲腔和劇目的豐富，使寧河戲成為鄉村社會最重要的活動之一。自清以後，義寧州內凡廟宇祠堂，均建戲台。據時人瞿炳育《箴俗臆說》記載：「各城鎮村落每建一神龕，必裹金立會，置買田租，少者不下數十擔，多者或至數百擔，歲歲皆為演劇消耗，甚至強宗之祖祠，亦復如是。」其演出之盛況，由此可見一斑。[199]

4. 饒河戲與信河戲

饒河戲與信河戲是江西東北地區的兩個地方劇種，也是贛劇的前身，其實力在所有新興亂彈腔中最強，人們稱之為「江西大班」。

饒河戲，又稱「饒河班」，流行於饒河流域各縣，及安徽祁門、至德等地。清代饒河戲的班社，大多出現於道光、咸豐年間，主要有老親生、老同慶、老采福、老同樂、新同樂等。此後，又產生了大同樂、天慶同樂、明經同樂等班社。饒河戲的演唱腔調，最初以亂彈為主，如清人鄭廷桂在《陶陽竹枝詞》中就有描述：「青窯燒出好龍缸，誇示同行新老幫。陶慶陶成齊上會，酬神包日唱彈腔。」至光緒二十年（1894年）前後，隨著樂平義洪班的王裕發將弋陽腔傳授給饒河戲藝人，繼而又有李三保、餘興壽、汪興師等人搭入了饒河戲班，饒河戲形成了高腔與亂彈並存的格局。清末民初，老義洪、大同樂、明經同樂和賽同樂等，均是以演唱弋陽腔而著名的班社，被稱為「樂平四大名

---

199 參見龔國光《江西戲曲文化史》，第 144-145 頁。

班」。光緒三十年時，樂平縣秧阪馬家以婺源的洪富林徽班為基礎，又請來一批崑腔藝人，組成一個崑腔班，名為「萬春」。他們竭力提倡崑曲，並以此與義洪班相互媲美。由於高腔、崑曲與亂彈的合演，使饒河班便成為贛劇的一個流派了。

信河戲，又稱「廣信班」，流行於廣信府的貴溪、玉山、上饒、橫峰、弋陽等地。由明至清初，該地戲劇演唱主要為弋陽腔。清乾隆以後，由於亂彈腔的盛行，在玉山和貴溪兩地便出現一種高腔、亂彈的合班。不過，直至道光年間，玉山縣城的戲曲演出，仍然是「弋多崑少」。到了光緒時期，玉山縣的紫雲、彩雲、紫玉雲、鴻雲、大慶和等班，仍可以演出少量的名為弋陽腔摺子戲，其他的班社則唱亂彈腔了，而貴溪縣的高腔班亦能演出諸如《目連傳》、《三國傳》、《西遊記》等弋陽腔的連台本戲。不過，隨著貴溪班的高腔藝人轉至萬年縣搭班，弋陽腔遂銷聲匿

· 流傳於上饒民間的「串堂戲」劇本（章俊提供）

跡了。除《目連傳》以外，貴溪班所唱的《三國傳》和《西遊記》均改為亂彈腔演唱。廣信班因不唱弋陽腔而只演亂彈，自成一派，因而成為贛劇的另一流派。

除上述五大地方戲外，清代江西戲曲中還有撫州府的撫河戲與盱河戲、吉安府的吉安戲、瑞州府的瑞河大班、南昌府的豐城大班及袁州府的袁河大班。這些地方戲與前述五大戲一樣，曲調唱二凡和西皮，劇目多出自宜黃戲，聲腔以亂彈為主，結合高、昆以及其他腔調，成為清代江西戲曲繁榮的重要組成部分。**200**

三　深入民間的採茶戲

採茶戲是地方小戲的總稱，主要發源於贛州府的信豐、安遠一帶，由民間採茶歌和採茶燈演唱發展而來，繼而成為一種有人物和故事情節的民間小戲，由於它一般只有二旦一丑，或生、旦、丑三人的表演，故又名「三角班」。贛南採茶戲形成後，即分幾路向外發展，與當地方言和曲調融合，形成贛東、西、南、北、中五大流派，每個流派中又有不同的本地腔。清前期，江西的採茶戲進入到一個較為成熟的發展階段，主要表現在各區域的採茶戲開始擺脫茶山採茶這種單一的表達方式，出現了大批反映民間生活的劇目，形成了一些較為專業的著名戲班。

清乾嘉時期，採茶戲已流行於江西南部和粵北一帶。其表演形式也不再僅以茶山採茶為表現燈戲內容的方式，還有《四姐反

200　參見龔國光《江西戲曲文化史》，第 138-145 頁。

情》、《賣雜貨》、《上廣東》、《大勸夫》等劇目。尤其是在清嘉慶二十年（1815），贛縣的戲班打破了採茶戲不能進廟台祠堂的舊習，開始進入當地百姓的各種節日慶賀和祭祀活動中，從而帶動了燈子戲班的發展。這一時期贛南採茶戲的唱腔曲調也有所發展，分為燈腔、茶腔、路調、雜調四類，以茶腔為主，絃樂伴奏。劇目多為丑旦合演的民間生活小戲，如《挖筍》、《撿田螺》、《巧耍香龍》等。

江西北部的採茶戲又分南昌採茶戲、武寧採茶戲和九江採茶戲三個子系統。南昌採茶戲流行於南昌、新建、安義等縣，其曲調分為本調和雜調「四大記」，即《南瓜記》、《鳴冤記》、《辜家記》、《花轎記》等四十八本；武寧採茶戲，流行於武寧、修水、銅鼓、靖安一帶。清道光年間就已演整本戲，如《失印配》、《褂袍記》、《文武魁》等五十餘本。音樂曲調有正腔（包括北腔、漢腔、嘆腔、四平腔）、花腔和雜調。劇目、唱腔亦與黃梅採茶戲接近；九江採茶戲流行於瑞昌、德安、九江、湖口一帶，劇目有「三十六大本，七十二小出」之說，唱腔分平板、花腔、漢腔、雜調四類，接近黃梅採茶戲。九江採茶戲中較著名的班社，是起班於道光十年（1831年）的瑞昌瓜山社。

江西東北部採茶戲又可分為東部採茶戲和景德鎮採茶戲兩種。東部採茶戲源於鉛山縣的茶燈戲，流行於鉛山、上饒、貴溪、弋陽等地。初為二旦一醜的「三腳班」，受黃梅採茶戲影響增一小生，後又增加了老生、老旦、花臉，連同三個打擊樂手，稱為「七唱三打」的「半班」。男角擅長扇子功，旦角擅長手帕功，曲調分三角小調和湖廣調兩類，早期演唱只以鑼鼓伴奏，乾

唱加幫腔，現已加管弦伴奏。主要劇目有《三矮子放牛》、《三姐妹觀燈》、《打平斗米》、《鸚哥記》、《拷打紅梅》等。景德鎮採茶戲系由湖北黃梅採茶戲流入後衍變而成，流行於景德鎮、鄱陽、都昌一帶。劇目、唱腔均近似黃梅採茶戲，表演上曾受饒河戲影響。

江西西部採茶戲主要有萍鄉採茶戲、永新採茶戲、蓮花採茶戲和萬載花燈戲等，流行於永新、寧岡、蓮花、萍鄉、萬載一帶。西部採茶戲的形成，是由清初贛南採茶戲一支流入後衍變發展而成。清道光年間，西部採茶戲已盛行於贛湘交界地區，其唱腔有二胡、笛、嗩吶等伴奏樂器。主要曲調分燈綵詞調、花鼓調、歌腔、民歌小調四類，傳統劇目有《放風箏》、《賣雜貨》等。道光二十六年（1846 年），湖南湘劇進入萍鄉，對當地採茶戲產生了較大影響。至清末，西部採茶戲已進入半班，並兼唱湘劇。

江西中部採茶戲有撫州、吉安、高安、寧都等多種採茶戲。清初，高安的燈綵衍變為茶燈戲。康熙年間，撫州地區出現了脫離燈綵而獨立存在的三腳班，演出單台戲、對子戲和三小戲。道光初年，撫州採茶戲由宜黃傳入永豐，並繼而向西流傳於吉安、吉水，向南則傳至寧都。嘉慶年間，吉水採茶戲傳入高安後唱腔發生變化，由原來的小調發展為余家調和老本調，並逐漸向板腔體過渡，從而使高安採茶戲進入到半班階段。至清末，高安採茶戲又吸納了瑞河大班的高腔，形成了獨具一格的瑞河採茶

高腔。[201]

四　八大山人與羅牧的藝術成就

八大山人，為明宗室寧獻王後裔，譜名朱統𨨏[202]，是明末清初著名的畫家，與石濤、石溪、漸江並稱「清初四大畫僧」。

八大山人於明天啟六年（1626 年）出生於南昌城，其父、祖均工於詩文和書畫。在他們的影響下，少時的八大山人也表現出一定的書畫才能。八大山人雖貴為皇室後裔，然而由於宗室人員為數巨大，因此其家庭能從朝廷獲得僅僅是一個空虛的爵銜和經常遭到剋扣的俸祿。崇禎十六年（1643 年），十八歲的八大山人參加了科舉考試，取得了秀才的功名。清順治二年（1645 年），清軍攻占南昌，八大山人離家隱遁江西奉新山中避難。順治五年，遭受妻、子俱失之痛的八大山人由奉新至進賢，在介岡燈社剃度為僧，開始了一邊潛心向佛，一邊專於書畫的生活，並於一年後使用「傳綮」僧名以及「刃庵」、「雪個」僧號。順治十年，八大山人成為穎學弘敏禪師的弟子，一同創辦了奉新蘆田的「耕香院」。順治十四年，八大山人不僅在佛法上大有增進，繼其師住持介岡燈社，執拂稱「宗師」，且在藝事上精進不少，「書法已有歐陽詢風骨俊秀的結體、虞世南圓潤柔和的筆觸、褚

201　參見龔國光《江西戲曲文化史》，第 150-156 頁。

202　據學者考證，朱耷為八大山人應秀才試的「庠名」。參見蕭鴻鳴《也談八大山人的幾個問題–兼致楊新〈八大山人三題〉》，《南方文物–八大山人專輯》總第 29 期，1999 年。

遂良鉤捺之間的遒媚風格」²⁰³。

　　順治十六年底，八大山人離開進賢至奉新定居。在耕香院過了十餘年的隱居生活後，八大山人重新回到世事中間，與新昌縣令胡亦堂等一些官吏交往，並為他們作畫，希望借此受到他人的賞識。八大山人的這種心態，在此一時期的書畫作品中也能感受。在康熙九年（1670 年）所作的《花卉圖卷》題詩中，就「多少流露一種懷才不遇、希冀成功和受人賞識的熱望」。康熙十六年，八大山人由奉新回到進賢，拜訪了同門師兄饒宇樸，請其為《個山小像》題跋。當饒氏言八大山人以詩畫來打發閒暇時，八大山人卻標明自己要像貫休、齊己那樣，力求以詩畫著名於世，公開宣告了疏離修禪。康熙十七年，應調任臨川縣的胡亦堂之邀，八大山人前往臨川擔任了方志編修顧問，成為胡氏縣衙中的座上客。但是，在居留縣衙一年後，八大山人發現，自己藉助胡亦堂入世的願望只是一廂情願，於是在康熙十九年再次「忽發癲狂」，撕裂袈裟，回到了南昌城。入世希望的破滅，解除了八大山人內心的桎梏，也讓他的書畫創作進入了成熟期，顯現出了不拘一格的畫風，並以「驢」、「驢書」、「驢屋」等題款來自我標誌。自五十九歲後，其書畫的款識又以「八大山人」為最多。²⁰⁴這四字的書寫，緊緊連綴，形成「哭之」或「笑之」字樣。

203 蕭鴻鳴：《八大山人生平及其作品系年》，燕山出版社 1997 年版，第 92 頁。

204 參見陳椿年《另眼看八大山人》，《書屋》2003 年第 4 期。

在八大山人的繪畫作品中，既有花鳥等動物，又有山水樹石，也有人物臨摹。其早期的花鳥畫中的梅、蘭、竹、菊之類的作品，主要受徐渭的影響較大，「模仿塑形」是八大山人早期花鳥藝術的主要特徵。而在其後期的作品中，八大山人以其獨特的藝術風格和高超的筆墨技巧，發展了陳淳、徐渭的風格，並從民間汲取養分，使作品呈現出鮮明的個性。[205]他的山水作品，大多創作於晚年時期。在風格上，融黃一峰之「痴」、倪雲林之「迂」及米元章之「癲」為一體，兼取董其昌、吳道子、郭熙，「以意象的含蓄凝練簡扼，來表現『知君自有真丘壑，不在區區水墨間』的意境」[206]，將大筆水墨寫意畫推進到一個新的高度。

八大山人的藝術成就，還體現在書法領域。正如八大山人自己所言，其對於書畫，常是「以畫法兼之書法」、「以書法兼之畫法」，故石濤有「眼高百代古無比，書法畫法前人前」的讚譽和評價。八大山人早期的書法，既有歐陽詢楷書之風，又有黃庭堅、米芾、董其昌等人行書之跡，並臨摹鐘繇、王羲之的法書。其晚年書法則在前人的基礎上，運用禿筆，創造出簡、奇、意的風格。[207]

羅牧，字飯牛，號雲庵、牧行者，江西寧都縣鈞峰人，是明末清初著名的山水派的開派畫家。據史料記載，羅牧學畫，初師

---

205 參見張樹洪《八大山人的花鳥畫藝術》，《齊魯藝苑》2003 年第 3 期。
206 參見胡光華、李書琴《曉峰煙樹乍生寒–八大山人山水畫風格論》，《榮寶齋》2004 年第 4 期。
207 參見傅明鑒《八大山人書法藝術淺析》，《東南文化》2002 年第 8 期。

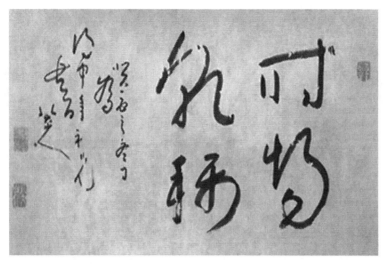

・八大山人書法（李平亮提供）

同代人魏石床，後又宗法董源、黃公望，並在此基礎上進行個人
創作，形成自己的風格。其畫林壑森秀，筆法多變，水墨清潤淋
漓，畫風深沉粗獷。在羅牧諸多作品中，有《寒江獨釣圖》、《讀
書秋樹根圖》、《山水十二條屏》等代表性作品傳世。除了自成
一格的畫風外，羅牧在中國書畫史的地位，還來自其與江西另外
幾位畫家開創了「江西畫派」。

　　江西畫派，簡稱「江西派」，又稱「西江派」。與揚州畫派、
海上畫派、嶺南畫派等一樣，為中國畫流派之一。羅牧之所以能
成為江西畫派的代表性人物，除了當時較為寬鬆的政治環境外，
還與羅牧自身的畫風密切相關。在羅牧的作品中，擺脫了崇古壓
抑的沉悶風格，展現了一派平淡天真、嵐氣清潤的景象，以明快
簡潔的平淡天真、嵐氣清潤替代了狂草濫題。可以說，羅牧以自
己特有的方式，打破了清初早期摹古一統天下的局面，使八大山

人、石濤等更具個性的作品，被社會所認識所接受，亦為江西派的形成創建了條件。晚年時期，羅牧與八大山人在南昌東湖畔創立「東湖書畫會」，主要成員有彭廷謨、李仍、蔡秉質、涂岫、閔應銓、齊鑑、吳雯炯、徐煌及八大山人之侄朱容重。該會的建立，在光大了江西畫派的同時，也將羅牧推上了江西畫派的領袖之位。

第六節 ▶ 大型書院的修復與興衰

一　清初四大書院的修葺與重建

明清政權交替之際，白鹿洞書院未遭到大的破壞。至清順治時間，在地方官員的支持下，白鹿洞書院進入到一個發展階段。順治四年（1647 年），南康知府李長春升任江西按察使，臨行時捐俸銀交前任知府聶應井作修葺書院的費用。但因南昌金聲桓反清復明起義，原白鹿洞生徒吳江等聚眾響應，與清軍在星子交兵而停頓下來。順治七年，聶應井與知府徐士儀等倡捐贈款，連同原有存資修葺書院。此時李長春與建昌（今永修縣）紳士熊德揚分別作了《重興白鹿洞書院記》和《重修白鹿洞書院禮聖殿記》。順治十年，江西巡撫蔡士英會同藩臬諸司，陸續將鉛山鵝湖、吉安白鷺洲、南昌友教、廬山白鹿洞四所名書院加以恢復、整頓、聘師、開講。對白鹿洞書院，蔡士英與李長春等人清查了明代舊有田畝，倡增新田，制定規章條例，招生課試。在蔡士英調任漕運總督赴任途中，又到書院暫駐。離贛後還對書院建設多

有關心，打算聘請新建儒生楊益介主講白鹿洞書院，只是楊益介因身體不適而推辭。接著，蔡士英又與繼任江西巡撫郎廷佐、李長春以及提學道楊兆魯等人商議，聘請明代進士熊維典與明代拔貢何大良任教。熊、何兩人經再三推辭後至順治十四年赴書院就職。順治十七年，黃宗羲游廬山來到白鹿洞書院，並作《匡廬游錄》說：「先聖及從祀皆像設，嘉靖間易天下文廟以主，所以書院得如故。然兩廡模範盡已剝落僵仆，誠不如主之為愈。」這時其他建築還有宗儒祠、文會堂、先賢祠、彝倫堂等，「規制大略從翟守也」。此外，清初白鹿洞書院仍承襲明代推官主洞制，聘知名學者為主洞，同時還讓推官監督洞事。熊、何兩人主洞時，仍有府推官范扔監督洞事，這種監督洞事官員的設置至清末才廢除。**208**

清初，白鷺洲書院也經歷了一系列整修過程。早在順治三年，官府就重修了白鷺洲書院，順治十二年吉安知府李興元又加以重修。康雍兩朝，吉安地方官員又先後四次重修白鷺洲書院。在此過程中，湖西道施閏章與毛奇齡等人在白鷺洲書院講學，恢復了中斷多年的講會活動。如史料記載：「（施閏章）修景賢、白鷺洲兩書院……倡復五賢祠、道一堂。郡中耆舊、逸民以為自鄒、羅諸先生青原會後，未有此盛。」**209**同時，為了重興講學之

208 參見周鑾書、孫家驊、閔正國、李科友編《千年學府–白鹿洞書院》，江西人民出版社 2003 年版，第 32-34 頁。

209 《白鷺洲書院志》卷一《崇祀》，同治十年版。

‧鵝湖書院外景（肖發標提供）

風，施閏章還聘請理學家、吉水人李振裕主講白鷺洲書院，並主持了白鷺洲書院歷史上著名的學術辯論——廬陵辯論。這場辯論雙方為前任白鷺洲書院山長毛奇齡與湖南楊洪才，持續時間達三天之久，施閏章對辯論內容作了記錄。通過此次辯論，白鷺洲書院的影響得到擴大。但是，由於此後地方官員加強了對書院的控制，白鷺洲書院逐漸成為科舉考試的場所，學術之風漸衰。

除白鹿洞和白鷺洲兩大書院外，另外兩大書院豫章書院和鵝湖書院也得到恢復。豫章書院，位於南昌進賢門內，始創於南宋年間。明萬曆年間，巡撫凌雲翼、潘季馴先後進行修葺，後因改祀宋、明、元各代的諸儒，如陸九淵、羅從彥、吳澄等二十四位

省內的理學名家，所以又被稱為豫章二十四先生祠。清康熙二十八年（1689 年），改立為理學名賢祠。康熙五十六年，江西巡撫白潢重建了省城的豫章書院。右為講堂，左為祠，仍祀先賢名儒，旁列房舍數十間。「院中為文淵堂，後為麗澤堂，後為九間，又北為七間，前為頭門，為門房，為書房。左為官廳，東為聖經堂，前為五間，後為理學祠，又北為文昌宮，又東北為二十八間，西為白公祠，前為四間，後為七間，又西北為六十間」[210]。此外，省府官員還延請名儒主講豫章書院，容納省內各地學者二百多人。康熙五十八年，康熙帝鑑於豫章書院的聲名，御賜「章水文淵」之匾額，懸掛於書院的講堂之上。與此同時，鵝湖書院也得到了大規模的修葺。順治初，巡撫蔡士英捐資重建了鵝湖書院。康熙年間，鉛山知縣潘士瑞、施德涵又分別進行了修正，新增了山門、牌坊、大堂、浮池、拱橋、碑亭、御書樓等建築物。書院兩側有廂房數十所，以為士子讀書之所。

二　康乾時期白鹿洞書院的興盛及嘉慶後的衰微

在經歷了清初的整修後，白鹿洞書院繼續得到了朝廷和地方官員的關懷，屢有興修、置田、清租、聘師、招生、講學、購書、訂規、題詩、祀祭賢聖，規定科舉名額等，迎來了興盛時期。康熙元年（1662 年），江西總督張朝璘帶領府縣官員重建明倫堂、宗儒祠，並由府教授楊日昇掌教，推官朱雅醇督理洞事。

210 《南昌府志》卷十《書院》，同治九年版。

康熙六年，南康府推官巫之巒、汪士奇相繼兼督洞事，並與其他地方官一齊修葺書院。康熙九年，廖文英繼任南康知府後，親掌書院事務，修建院舍，增置院田，清理田租，組織開墾荒田、荒地、荒塘，裝修聖賢像設，並重修書院志。此外，廖文英還先後聘請星子吳一聖與宜春張自烈主講書院，開展會文講學活動。康熙十六年後，南康知府倫品卓在布政使姚啟盛、提學道邵吳遠的支持下，對書院院舍大加整修，翻新了彝倫堂、文會堂、宗儒祠、先賢祠、三先生祠，添堂、亭及號舍，白鹿洞書院「瓦礫茂草一時命奐」。

康熙二十一年，江西提學道高璜制定了《白鹿洞書院經久規模議》，議中包括洞規、禁約、職事、洞中日用事宜、議注、合用器具，祭器、書籍、每年支給常例，經費、洞租徵收等十餘項。議中肯定了朱熹、胡居仁、章演的《揭示》、《續規》、《為學次第》以及李齡、高賁亨戒條，明確規定了主洞應「聘海內崇正學，黜異端，道高德厚，明體達用者」，副講應聘「通《五經》，篤行誼者為之」。除此之外，議中還規定由主洞、副講擇生徒任為堂長、正副管干、典謁、經長、學長、引贊等執事。經長負責經義齋事，學長負責治事齋事。凡生徒有疑義，「先求開示於經、學長；不能決，再叩堂長；不能決，再叩副講；不能決，再叩主洞；不許躐等」。主洞除供膳外，每年束修銀六十兩；副講除供膳外，每年束修銀三十六兩。堂長、管干等職事生，每年亦發給數量不等的津貼。另外，每月給銀二兩四錢，作為洞生月課賞格。康熙二十二年，江西巡撫安世鼎、提學道高璜、巡道查培繼等人委託南康知府周燦重修書院。康熙二十四年

又禮聘南豐湯來賀主洞務，並由府學教授任副講，典管諸多事務。湯在受聘期間，又立堂長、學長多人，並在白鹿洞留有學規，白鹿洞一時學者雲集，許多文人慕名前來，就學洞中。康熙二十六年，清聖祖玄燁親書匾額「學達性天」，賜予白鹿洞書院，遣官送抵書院懸掛，同時頒送了經史諸書。

康熙朝後期，白鹿洞書院建設繼續得到江西省府官員的支持。康熙三十一年年，巡撫宋犖赴洞整頓規制，聘請安義縣舉人徐京階任教書院。康熙三十二年，江西巡撫馬如龍親赴白鹿洞書院課士、評卷，並聘熊飛渭主講，熊又聘生徒萬艇、蔡篔生為堂長。康熙三十四年，江西提學道王綖為白鹿洞書院制定了「戒」、「勉」各八條。其八戒為「戒遊惰、戒戲狎、戒欺詐、戒矜傲、戒苟安、戒馳騖、戒忌嫉、戒纖刻」；八勉為「立志、敦本、主敬、致誠、明經、學古、專課、持重」。康熙三十六年，馬如龍在熊飛渭去世後，聘都昌縣解元邵良傑主洞事。康熙四十八年，南康府學教授兼主白鹿洞書院教事熊士伯請求建專祠祭祀朱熹，此事得到江西巡撫郎廷極和藩臬諸司的支持。祠建成後定名「紫陽祠」，同時將朱熹門徒林用中、蔡沈、黃榦、呂炎、呂燾、胡泳、李燔、黃灝、彭方、周耜、彭蠡、馮椅、張洽、陳宓及陳潚等十五人由宗儒祠隨遷此從祠。紫陽祠的修建，也是白鹿洞書院為朱熹及其門徒設專祠的開始。

康熙五十一年，署南康知府蔣國祥呈請仿白鷺洲書院例，另棚考試白鹿洞書院童生。省府批定為每逢歲、科考定取四名，永為定例。江西巡撫郎廷極、布政使傅澤淵聘原敬主白鹿洞書院講席。康熙五十二年，南康知府葉謙派星子、建昌、都昌、安義四

縣教官按季輪流至白鹿洞督課。次年又聘邵良傑主講書院。康熙五十四年，星子知縣毛德琦奉委協理書院事務。毛德琦來白鹿洞書院後，課士評文，修葺房舍，清理田畝，整復規制，重修書院志。康熙五十八年，《白鹿書院志》修成，巡撫白潢、學政王思訓等作序，志分形勝、興復、沿革、先獻、主洞、學規（包括講義）、書籍、藝文（包括記、書、詩等）、祀典、田賦十部分，共十九卷。至此，白鹿洞書院無論是在建築規模，還是在學術成就，均達到一個鼎盛。

雍正、乾隆兩朝，江西地方官長仍然對白鹿洞書院的建設予以了一定的關注，許多名家也先後主講白鹿洞書院。雍正五年（1727 年），江西布政使李蘭聘金溪縣進士王鰲為山長。王任職後整頓了書院的規制。乾隆三年（1738 年），南康知府董文偉在上年增置田畝並講學於洞中後，又與主洞章國祿等人立《朱子白鹿洞教條》於洞中。乾隆十年，江西巡撫陳宏謀視察並講學白鹿洞。乾隆十三年，南康知府趙立身修建院宇，赴院督課，為白鹿洞書院建設盡心儘力。趙立身離任時，主洞熊直宋率生徒百餘人立《郡伯趙公教思碑》。乾隆三十一年，南康知府陳子恭又修葺書院，重建文會堂，增加生徒膏火，聘蘇州昭文縣進士顧鎮主教白鹿洞。乾隆四十五年，江西按察使王昶謁白鹿洞書院。乾隆五十三年，王艇再次視察鹿洞之後，決定編寫《天下書院總志》。乾隆五十年，建昌進士郭祚熾主洞，並講學洞中，從遊者高達三百人之多。乾隆五十二年，江西提督學政翁方綱視察白鹿洞，並講學其中。

總之，康熙朝的六十一年間，是清代白鹿洞書院建設的高

潮。在這六十一年中，有賜書、賜額、科舉之設，還有兩次修志，有大批督撫、學政以及司道大員對書院的關懷等等。這些官方的努力都與清聖祖玄燁本人對理學的推崇、對朱熹的崇敬有十分密切的聯繫。雍正、乾隆時期，白鹿洞書院的發展雖不如康熙朝，但仍然處於一個較好的態勢。但是就在興盛之中，也可見其逐漸走向衰敗的種種跡象。查慎行在《廬山遊記》中就說道：「時讀書洞中者僅二十餘人」，「每日人給錢三文，穀二升」，「惟正講、副講二人歲支學俸共百金，其餘盡歸郡、縣官吏中飽」。此外，儘管有許多人來到白鹿洞書院，但往往只是憑弔古蹟，遊覽風景，而並非讀書講學。

　　嘉慶朝以後，白鹿洞書院更是日益衰敗，興修的記載也很少，山長也常見空缺。嘉慶九年（1804年），江西巡撫秦承恩，借南昌友教書院存銀兩千兩，為白鹿洞置田，並重修書院。但是，此時白鹿洞書院經費已虧至七千餘兩，以致「院長修繕有缺，生徒膏火不給」。因此，以兩千兩的借款，填七千兩之虧欠，終究無濟於事。嘉慶十年，陽湖人榜眼洪亮吉遊廬山，並講學白鹿洞書院，也未能得到山長的接待。嘉慶十八年，著名學者惲敬遊廬山，也來到白鹿洞書院，但未有任何教學活動，白鹿洞書院漸漸喪失了學術中心的地位。**211**

---

211 參見周鑾書、孫家驊、閔正國、李科友編《千年學府–白鹿洞書院》，第34-38頁。

第七節 ▶ 名醫、「龍泉兩碼」與「樣式雷」

一 名醫與醫案

在清代江西眾多醫學名家中，當以新建人喻昌的成就最為突出，對後世的影響亦最為深遠。喻昌，字嘉言，江西新建人，因新建古稱西昌，故又號西昌老人。生於明萬曆年間，卒於清康熙三年（1664 年），是明末清初傑出的醫學家，與江蘇長洲人張璐、安徽歙縣人吳謙，並稱「清初三大名醫」，也是江西古代歷史上十大名醫之一。

喻昌的治醫之路，大致歷經了一個由儒而禪、由禪入醫的過程。清順治二年（1645 年），為了不入仕清廷，喻昌由一個明王朝的貢生，轉而皈依佛門，雲遊於南昌、奉新、靖安等地，開始鑽研《黃帝內經》、《素問》、《傷寒論》、《本草綱目》等經典醫籍，深入研究人體五臟六腑的構造。順治十年喻昌應江蘇常熟人錢謙益之邀，由江西南昌移居江蘇虞山。在此後近十年的時間裡，喻昌根據前人的醫學理論和自身的實際經驗，治癒了為數眾多的疑難雜症，創造了一套獨特的醫術，形成了「脾胃理論」、「幼科醫論」、「大氣論」以及「秋燥論」等多種理論。[212]

喻昌的諸多醫學理論，充分體現在其為數頗豐的著述中。自明崇禎時期至清康熙年間，喻昌先後寫出了《寓意草》、《尚論

---

212 參見李放《江西歷代傑出科技人物傳》，江西科學技術出版社 2000 年版，第 153-157 頁。

篇》、《醫門法律》、《生民切要》、《張機傷寒分經注》、《傷寒決疑》、《喻選古方》、《會講溫證語錄》和《瘟疫明辨》等九部醫書。在以上九種著作中，又以《寓意草》、《尚論篇》（全稱《尚論張仲景傷寒論 397 法》）以及《醫門法律》三部流傳最廣，影響最深，合稱《喻氏醫學三書》。

《醫門法律》刊行於順治十五年，是一部臨證著作，「取風、寒、暑、濕、燥、火六氣及諸雜症，分門著論」。全書共六卷，卷一闡述「望、聞、問、切」四診之法、《內經》及仲景學說法律。卷二至卷六分述中寒六、中風門、熱濕暑三氣門、傷燥門、瘧證門、痢疾門、痰飲門、咳嗽門、關格門、消渴門、虛勞門、水腫門、黃癉門及癰肺痿門。每門之下先論病因、病機及證治，再出法律，最後附方。所謂「法」，指「治療之術，運用之機」；所謂「律」，指「明著醫之所以失而判定其罪」。也就是說，喻昌希望通過著述，確立一個基本原則：先明辨醫者施治的原則和靈活性，而後指出醫療差錯的原因和醫生所應承擔的責任。因此，喻昌在序言開篇就明確指出：「醫之為道大矣，醫之為任重矣。」[213]而《清史稿·喻昌傳》也認為「此書專為庸醫誤人而作，分別疑似，既深明毫釐千里之謬，使臨診者不敢輕嘗，有功醫術」[214]。

213 喻昌著、張曉梅等校註：《醫門法律》，自序，中國中醫藥出版社
　　2002 年版。
214 趙爾巽、柯劭忞等編：《清史稿》卷五百二《喻昌傳》，中華書局
　　1977 年版。

《尚論篇》問世於清順治五年，是喻昌治傷寒的代表作，分前、後兩篇。前篇刻於一六四八年，原為八卷。乾隆二十八年（1763 年），江西新城（今黎川）陳氏並為四卷，且另刻《尚論後篇》四卷，與原書合為八卷。喻昌治理傷寒，特別推崇張仲景的《傷寒論》，但又認為後世對《傷寒論》的認識和使用，存在著諸多缺陷。他批評王叔和在整理與編次《傷寒論》的過程中，參入一己之意，導致《傷寒論》一書失去了原貌，林億、成無幾兩人又過於尊信王叔和，往往先傳後經，不僅將王叔和的觀點附會於張仲景之言，且將王氏之書匯混編為張仲景的著作。因此，喻昌在方有質《傷寒論條辨》基礎上，重訂了《傷寒論》的條文次序，提出冬傷於寒、春傷於溫、夏秋傷於暑為主病之大綱。四季之中，以冬月傷寒為大綱。「傷寒六經中，又以太陽一經為大綱。而太陽經中，又以風傷衛、寒傷營，風寒兩傷營衛為大綱」[215]。喻昌採用「三綱鼎立」法對《傷寒論》進行編次歸類，開創了《傷寒論》學術爭鳴的局面，喻昌也因之成為傷寒學派中「錯簡重訂」一派的代表人物。

《寓意草》成書於崇禎十六年（1643 年），是喻昌生平第一部著作。全書共四卷，收錄了醫論和六十餘則診治內科雜病或傷寒等疑難雜症的案例。兩篇醫論一是「先議病，後用藥」，一是「與門人定議病式」，即強調治病必先識病，見病然後用藥。在

---

215 張效霞：《尚錯簡重訂，倡三綱鼎立》，《中國中醫藥報》2007 年 7 月11 日。

列舉的每一個醫案中，喻昌均力求反覆推論，「務闡明審證用藥之所以然」，故《四庫全書總目提要》一書稱其「較各家醫案，但言某病、用某藥愈者，亦極有發明，足資一悟焉」[216]。此外，喻昌在書中還訂立議病格式，規範病症書寫等要求，其內容之詳盡，堪稱醫案書寫的典範。

黃宮繡，字錦芳，江西宜黃人。生於雍正八年（1730 年），卒於嘉慶二十二年（1817 年）。黃宮繡出身書香門第，其父為邑廩生。在家庭影響下，黃宮繡從小就專治舉業，後又放棄科舉考試，轉而潛心鑽研醫學。乾隆十五年（1750 年），宮繡在參考《內經》、《傷寒論》、《本草經》的基礎上，結合自身的研究心得，寫成《醫學求真錄》一書。該書共十六卷，有總論，有分說。宗旨明確，討論明白。但可惜的是，此書未能流傳於後世。現存黃宮繡所著的醫書，主要有刊行於乾隆三十四年的《脈理求真》和《本草求真》兩種。

在《脈理求真》一書中，黃氏對脈診部位和臟腑分配做了具體的說明，並對浮、沉、數、遲、長、端、大、小、洪、微、實、虛、緊、緩、花、濡、弦、弱、滑、澀、動、伏、促、結、革、牢、疾、細、代、散等三十種脈象作了詳盡的論述。他認為，在所有脈象中，「胃脈」最為重要。元氣之來，則脈象和緩；邪氣之來，則脈來勁急。「必得脈如阿阿，軟若陽春柳，方

---

216 紀昀：《四庫全書總目提要》卷一百四十《子部十四・醫家類（二）》，中華書局 1997 年版。

為脾氣胃脈氣象耳」。如不見有和緩之氣，則為真髒脈見，是不知之症的徵兆。在《本草求真》這部專論藥物的書中，黃宮繡打破了以草木果菜金石這一傳統的藥物分類法，以氣味和功效來編次歸類，真正做到了綱目並舉，使閱者一目了然。此外，該書還對白朮與山藥、人參與玉竹、龍眼與當歸、首烏與枸杞等藥物的比較鑑別使用，作了詳明的闡述，為醫者臨床選藥提供了極具指導性的文本。[217]

謝星煥，字應盧，江西南城人，生活在清道光、咸豐兩朝，是當時一位較為著名的醫學家。星煥出身醫學世家，早年曾應科舉，後因家境不濟，棄儒從醫，在家鄉行醫數十年，醫人無數。晚年將行醫心得輯成一書，名《得心集》。該書共六卷，分傷寒、中風、頭痛、虛寒、內傷、吐瀉、雜症、霍亂等二十一門，記載了二〇〇多個醫例，並附有相應答問。由於《得心集》對許多疑難雜症作了精闢入微的分析，故對後世行醫者具有相當高的借鑑意義。

作為一代名醫喻嘉言的私淑弟子，謝星煥對醫學的認識和理解，無論是在理論上還是在臨床應用中，均深受喻氏的影響。在醫理上，謝氏承襲了喻嘉言的理念，主張「先議病，後用藥」；在實踐中，謝氏大多採用喻氏的「畜魚置介法」，治療陰虛風動引發的頭腦昏痛，並以喻嘉言的「丹田有熱，胸中有寒」理論，

---

217 參見楊卓寅《江西十大名醫譜（續）》，《江西中醫藥》1987 年第 1 期；
　　李放《江西歷代傑出科技人物傳》，第 192-194 頁。

治療肝風撮指」。甚至在《得心集》一書寫作的體例上，也表現出了與《寓意草》一脈相承的特徵。[218]

方略，字南薰，江西武寧人，約生於乾嘉時期，卒於道咸之際。與黃宮繡、謝星煥一樣，方略早年也曾應舉子業。不同的是，方略在治舉時就表現出了較為非凡的醫學才華。據資料記載，道光六年（1826 年），方略到南昌參加科舉考試，經友人舉薦，為楊錦云治病。對楊錦云的病症，之前幾位有經驗的老年醫生均不得要領。方略通過切脈，將其診斷為「夾痰傷寒」，即以麻黃附子湯，加砂仁、白蔻、陳皮、神麴煎熬，之後兌入生薑汁。楊錦云服用後，立刻將胸中寒痰咳出，「乳腫隨消」。「二服，汗出熱退，乃去麻黃，加附子、肉桂，調治月餘，厥疾告瘳」[219]。

在醫理上，方略對張仲景的《傷寒論》有著深入研究，對吳鶴皋、李士材兩人亦頗為推崇，尤服膺於明末清初的張景岳與喻嘉言。在治法上，方略博采眾長，注重脈診，施治層次分明，尤善溫補。道光二十六年方略將自身行醫三十餘年的心得體會，寫成《尚友堂醫案》。該書分上、下兩卷，上卷收錄醫案五十三篇，下卷記有醫例九十則。上卷所錄醫案較精詳，對所治病例的病情、脈症、病理及立法、處方，均有縝密的邏輯分析。下卷多

---

218 參見楊卓寅《江西十大名醫譜（續）》，《江西中醫藥》1987 年第 3 期。
219 方略：《尚友堂醫案》捲上《治傷寒結胸案》，上海中醫學院出版社 1993 年版。

為「隨時應診、遇病酌方」的醫案，敘述較為簡略。全書所載醫案，重點集中在傷寒雜症、失血、遺精、縮陰、縮陽、不孕、小兒燥症等證，並附有治驗奏效之方，在醫案著作中堪稱佳作。此外，方略還著有《慈航集要》、《傷寒集要》、《幼科集要》等書，惜未能刊行於世。[220]

除上述醫案外，清前期江西較為著名的醫家與醫案，還有遂川人蔡宗玉及其所著《醫書匯參輯成》。蔡氏出生在一個醫學世家，科場失意後隨祖父、父親學醫，並最終成為一代名家。宗玉行醫，力主「方必切病，藥必對症」，醫治了諸多疑難雜症，體現了紮實的理論功底和豐富的實踐經驗。行醫之餘，宗玉潛心著書立說，寫就《醫書匯參輯成》。該書刊行於嘉慶二年（1797年），共分二十四卷，收集了清代以前歷代醫學名家的理論，涉及範圍廣泛，包括了中醫基礎學、方劑學、藥物學、內科、婦科、兒科以及五官科等，是一部內容豐富、編次分明，淺顯易懂的醫著。[221]

二　「龍泉兩碼」

「龍泉兩碼」又稱「龍泉碼價」、「龍泉尺碼」，是一種以銀兩價碼作為杉木原條材積計量單位的材積表，因創立於明代崇禎

---

220 參見余應鰲、王立《江西醫家方略〈尚友堂醫案〉評介》，《江西中醫藥》1981 年第 3 期。

221 參見李國強、傅伯言編《贛文化通志》，江西教育出版社 2004 年版，第 383 頁。

時期江西龍泉縣（今遂川縣）而得名，距今已有三〇〇多年的歷史。

「龍泉兩碼」的發明人是龍泉人郭維經及其女郭明珠。在「龍泉兩碼」發明之前，當地木材交易先後採用「估堆法」、「稱重法」以及定尺寸、定重量、定價格的「三定法」，但均無法解決杉木乾濕帶來的相應問題，木材交易受到了一定的阻礙。郭氏父女發明的「龍泉兩碼」，是先根據杉木的樹高生長、直徑生長和木材交易價格的相應關係，用六十根長短不一的絲線，表示年齡徑級不同的杉條木，然後依據絲線比例對應的木材大小，擬訂碼價等級。在制定碼價等級中，以重量單位斤、兩、錢、分，作為杉木計價單位。按照最初的龍泉兩碼，五尺大的杉木定位為「斤」，碼價十六點〇三兩；三尺之木定位為「兩」，碼價為一點〇三兩；一尺五寸之木定位為「錢」，碼價一錢；八寸之木定位為「分」，碼價一分。這種定位雖有較高的可行性，但也使一尺五寸之木與八寸之木之間碼價相差過大。為了使碼價等級更符合實際，郭氏父女又作了進一步完善，將一尺五寸之木的碼價定為九分，八寸之木的碼價定為一點五分，最終確定了十五個碼名、一二二個等級。[222]

「龍泉兩碼」由碼名、眉圍、長度和價碼組成。碼名分為分碼、錢碼、兩碼、飛碼。眉圍全距一到七灘尺（一灘尺＝34.22釐米），按〇點〇五灘尺的間距分為一二一個眉圍級，依次合併

---

222 參見周慧《郭明珠與龍泉碼價》，《中國典籍與文化》1999 年第 2 期。

成自小分碼到六級飛碼十四個碼名組。多數碼名組包括十個眉圍級，最少的大分碼組只包括三個眉圍級。每個碼名均有一個標準材長，符合標準的條木叫「正木」，達不到標準的條木稱「腳木」。

用「龍泉兩碼」測量木材長度以有兜有梢為準，若有兜無梢或有梢無兜，不論長短均視為「腳木」，計價時以七折核算。杉木條的缺陷，在「龍泉兩碼」中稱為「病」，主要有短、彎、空、破、爛幾種，測量與計碼時要讓篾與讓碼。讓篾與讓碼的具體數字，由買賣雙方根據實際情況議定。

「龍泉兩碼」的計數為十進制，十分為一錢，十錢為一兩，但起始碼名的小分碼為三分，到單兩碼與雙兩碼時的碼價不是一〇〇與二〇〇分，而是一〇三與二〇三分，因而自單兩碼以後，各碼價的尾數都是三分。一般說來，「龍泉兩碼」只計算到三尺條木，超過三尺的大材，其碼兩以「轉貫法」算出。

「龍泉兩碼」問世後，先是在江西各木材貿易區得到應用，後又逐漸推行到湖廣地區，最終通行全國。「龍泉兩碼」之所以能由一地走向全國，是因為它是一種科學、實用、簡便的木材計量標準，有著較高的科學性和極強的實用性。「龍泉兩碼」的發明與應用，為我國歷史上木材貿易的流通、林業生產的發展，發揮了重要作用。[223]

---

223 參見張志云《龍泉碼價探討》，《農業考古》1999 年第 1 期。

·「樣式雷」放樣作品（李平亮提供）

三 宮廷建築世家「樣式雷」

在清代中國的科技史上，出現了一個傑出的宮廷建築世家。這個家族就是祖籍江西永修的雷氏家族。從清初康熙年間始，至清末光緒朝，該家族先後有七代人為皇家進行宮殿、陵寢、衙署及廟宇的設計和修建。由於這個建築師家族世襲清廷樣式房掌案一職，故被世人尊稱為「樣式雷」。

「樣式雷」的第一代是雷發達。明末清初，為了躲避戰亂，雷發達由南康府建昌縣（今永修縣）徙居江蘇南京。康熙二十二年（1683 年），雷發達與堂兄雷發宣來到北京，應詔參與皇家宮殿的修建。到康熙中期，雷發達主持了故宮三大殿即太和殿、中

和殿、保和殿的修建。據說，在建造太和殿的過程中，雷發達不僅通過拆取明陵楠木舊梁柱的方法，解決了大木梁缺少的問題，還在上梁之日僅用三斧就將因卯眼不合的大梁固定，在民間留下「上有魯班，下有長班。紫徽照令，金殿封官」的故事。

雷發達的成功，為「樣式雷」的興起奠定了堅實的基礎。從第二代雷金玉始，雷氏世家開始了長達二五〇多年的執掌樣式房的歷史時期。雷金玉生於順治十六年（1659 年），康熙二十八年（1689 年）接替雷發達成為營造所長班。至雍正朝，雷金玉參加了圓明園再建工程，並任楠木作樣式房掌案。他根據圓明園所在地的特點，對整個工程進行了綜合規劃，打破了園內宮殿結構舊式樣，全部採取九脊、硬山、挑山、卷棚式的屋頂，出色地完成了園林中殿台樓閣和園庭的畫樣、燙樣和施工任務，受到了雍正帝的嘉獎。雍正七年（1729 年），雷金玉去世，蒙皇恩賞賜盤費，奉旨歸葬江蘇。[224]

雷金玉去世後，其子聲澂留守北京，繼承父業，但受到其他匠人排擠，樣式房掌案之職一度落入他人之手。至第四代，「樣式雷」家族出現了家瑋、家璽、家瑞三位傳人。尤其是雷家璽，先後負責萬壽山、香山、熱河避暑山莊等多項工程的設計和施工，深受乾隆帝的賞識，從而重新確定了「樣式雷」在樣式房的領班地位。此後，「樣式雷」第五代雷景修、第六代雷思起、第

---

224 參見朱啟鈐輯、梁啟雄校補《哲匠錄・雷發達（附朱啟鈐：樣式雷考）》，《中國營造學社彙刊》1934 年第 4 期。

七代雷廷昌繼續執掌樣式房，並在重建和重修圓明園、重建太和門、修造定陵等皇家陵寢的工程中有著不俗的表現，延續了「樣式雷」在建築領域的榮耀。

　　「樣式雷」不僅留下了許多令後人驚嘆的建築實物，還保留了大量的建築圖樣、燙樣、工程做法和相關文獻。「燙樣」是指按照實物比例縮小的木製模型，因模型需要燙蠟，還要熨斗，古稱「燙樣」。它有五分樣、寸樣、二吋樣、四吋樣、五吋樣之分。五分樣是指燙樣的實際尺寸每五分相當於建築實物的一丈，寸樣指每一寸作一丈，依此類推。在形式上，「燙樣」又分單座燙樣和組群燙樣兩種。單座燙樣可全面反映擬蓋建築的形式、色彩、材料和尺寸，組群燙樣除反映單座建築的情況外，還表現建築組群的布局及其與周邊環境的格局。「樣式雷」設計的圖樣具有嚴密的科學性、高度的規範性和極高的藝術性。它既依據具體情況進行全局的規劃設計，又根據實際需要繪製不同比例的施工圖紙。「樣式雷」的圖檔，不僅真實地記錄了清代皇家建築設計和營造，還充分體現了中國古代建築達到最後一個高峰時期的全面成就。[225]此外，雷發達及其後人撰有《工部工程做法則例》及《工段營造錄》兩部著作。前者圖文並茂，共七十四卷，記錄了工程的施工、安裝、構件的規格尺寸等，在中國古代建築史上具有重要的地位。

---

225 參見李理《「樣式雷」–清代傑出的建築世家》，《建築知識》2004 年第 6 期。

後記

　　《江西通史‧清前期卷》的成文費時三年之久，確是一件勞心勞力又令人快慰的好事情。

　　《江西通史‧清前期卷》的最終完成，是一個學術團隊多年潛心研究的結晶。江西師範大學歷史系地方史教研室的四位教師和先後畢業的五位研究生眾手合成了這部著述，具體撰寫的內容如下：

　　梁洪生撰寫了第一章全文，第二章第一節、第二節第一小節，第五章第一節，第六章第一節第四小節、第二節第三、四小節；

　　李平亮博士撰寫了第四章全文，第五章的第一至第五節，第六章的第四節第一、二小節以及第五至第七節；

　　游歡孫博士撰寫了第三章全文；

　　廖華生博士撰寫了第六章第一節第一至第三小節。

　　毛曉陽博士（任教福建省閩江學院）撰寫了第二章第二節第二小節，第六章第二節第一、二小節；

　　吳薇碩士（任教杭州電子科技大學）撰寫了第六章第四節第三小節；

　　陳華碩士（任教江西財經大學）撰寫了第二章第三節；

譚小軍碩士（任教江西師範大學）撰寫了第六章第三節；

杜玉玲碩士（任教江西師範大學）編制了第二章第一節中的表 2-1（《清前期江西巡撫任職年表》）。

當年這五位研究生的學位論文一般都投入了兩年甚至更長的時間，在一個研究專題上花費的心力和體會往往比他們的老師要多，他們應邀撰寫的部分即以此為基礎。他們現在繼續貢獻自己的學識和勤奮，不僅帶有跨省多校合作研究的性質，還可看出江西學子無論走到哪方土地，都不忘回報桑梓的赤誠之情。感謝他們！

南昌大學建築工程學院的姚糖教授、哲學系的劉經富教授、江西浩風建築工程設計事務所的黃浩總建築師、江西省文物考古研究所的肖發標研究員、江西省博物館副館長兼文物建築保護中心主任劉昌兵研究員、資深攝影師錢進先生和部分縣市博物館的同人等，提供了體現江西歷史文化底蘊的精美照片，感謝他們的支持！

梁洪生還審讀了全部文稿，整合了開篇的《引言》、文末的《主要參考文獻》以及全書的照片資料。

百花洲文藝出版社的張國功先生不僅極其細心地通檢了全書的文字，而且在目錄修訂和史料徵引方面多有指點。本書得遇這樣一位學識淵博並且深具人文關懷的責任編輯，實是一大幸事。

本書內容可能存在的不足和訛誤，敬請方家與廣大讀者批評並不吝指教。

梁洪生

2008 年 11 月 20 日

主要

參考文獻

一　正史與政書

（清）張廷玉等撰《明史》，中華書局點校本，1974 年版。

趙爾巽等撰《清史稿》，中華書局點校本，1977 年版。

《清實錄》，中華書局 1986-1987 年影印本。

《清朝文獻通考》，浙江古籍出版社，1988 年影印本。

《清朝通典》，浙江古籍出版社，1988 年影印本。

《清朝通志》，浙江古籍出版社，1988 年影印本。

《清會典》，中華書局，1991 年影印本。

《大清律例》，《四庫全書》本，商務印書館，2005 年影印本。

《欽定大清刑律》，清宣統三年（1911）刻本，《故宮珍本叢刊》本，海南出版社，2000 年影印本。

（清）賀長齡編《皇朝經世文編》，中華書局，1992 年版。

（清）盛康輯《皇朝經世文編續編》，臺灣文海出版社，1972 年影印本。

《宮中檔康熙朝奏折》，臺北故宮博物院，1976 年影印本。

《康熙朝漢文朱批奏折匯編》，檔案出版社，1985 年影印本。

《雍正朝漢文朱批奏折匯編》，江蘇古籍出版社，1989-1991年影印本。

《宮中檔乾隆朝奏折》，台北故宮博物院，1982-1985 年影印本。

《聖諭廣訓》，《四庫全書》本，商務印書館，2005 年影印本。

（清）江西按察使司編纂《西江政要》，江西布政司藏本。

（清）凌燽編纂《西江視臬紀事》，《續修四庫全書》本，上海古籍出版社，1997 年影印本。

邵鴻主編《〈清實錄〉江西資料匯編》（上、下冊），江西人民出版社，2005 年版。

《兩淮鹽法志》，揚州書局，同治九年（1870）重刻本。

（明）王在晉編《通漕類編》，《四庫全書存目叢書》本，齊魯書社，1997 年影印本。

（清）傅澤洪編《行水金鑑》，雍正三年（1725）刊本。

（清）楊錫紱編《漕運則例纂》，乾隆三十四年（1769）刊本，收入《四庫未收書輯刊》，北京出版社，2000 年影印本。

（清）張光華編《漕運摘要》（附《漕運便覽》1 卷），嘉慶八年（1803）刊本。

（清）《戶部漕運全書》，光緒二年（1876）編，光緒二年刊本。

二 文集、筆記

（明）章潢《圖書編》，明萬曆後期刊本。

（明）郎瑛《七修類稿》，《歷代筆記叢刊》本，上海書店出版社，2001 年整理版。

（明）焦竑《玉堂叢語》，《歷代史料筆記叢刊》本，中華書局，1997 年整理版。

（明）羅洪先《念庵集》，《四庫全書》本，上海古籍出版社，1989 年影印本。

（清）蔡士英《撫江集》，《四庫未收書輯刊》本，北京出版社，2000 年影印本。

（清）宋之盛《程山問答》，《謝程山集》附錄二，《四庫全書存目叢書》本，齊魯書社，1997 年影印本。

（清）徐世溥《江變紀略》，《四庫禁毀書叢刊》本，北京出版社，1997 年影印本。

（清）施閏章《學余堂文集》（包括文集 28 卷、詩集 50 卷、外集 2 卷），《四庫全書》本，上海古籍出版社，1989 年影印本。

（清）宋犖《西陂類稿》，康熙五十年（1711）刊本。

（清）《寧都三魏全集》，清易堂原刻版（包括：魏際瑞《魏伯子文集》，魏禧《魏叔子文集》、《魏叔子日錄》、《魏叔子詩集》，魏禮《魏季子文集》、《魏季子詩集》，魏世傑《梓室文稿》，魏世傚《耕廡文稿》，魏世儼《為谷文稿》）。

（清）邱維屏《邱邦士文集》，清康熙五十八年（1719）易堂刊本。

（清）李騰蛟《豐廬文稿》，《豫章叢書》本，民國胡思敬輯，民國 10 年（1921）豫章叢書編刻局刊本。

（清）曾燦《六松堂文稿》，《豫章叢書》本，民國胡思敬輯，民國 10 年（1921）豫章叢書編刻局刊本。

（清）林時益《朱中尉集》，《豫章叢書》本，民國胡思敬輯，民國 10 年（1921）豫章叢書編刻局刊本。

（清）彭士望《恥躬堂文鈔》，《豫章叢書》本，民國胡思敬輯，民國 10 年（1921）豫章叢書編刻局刊本。

（清）彭任《草亭文集》，《豫章叢書》本，民國胡思敬輯，民國 10 年（1921）豫章叢書編刻局刊本。

（清）謝文洊《謝程山集》，《四庫全書存目叢書》本，齊魯書社，1997 年版。

（清）李紱《穆堂初稿》、《穆堂別稿》，《續修四庫全書》本，上海古籍出版社，1997 年影印本。

（清）袁枚《小倉山房續文集》，《近代中國史料叢刊》本，〔台〕文海出版社,1989 年影印本。

（清）阮葵生《茶余客話》，《明清筆記叢刊》本，中華書局，1959 年整理本。

（清）吳文鎔《吳文節公遺集》，《續修四庫全書》本，上海古籍出版社，1997 年影印本。

（清）唐鑑《國朝學案小識》，《清代傳記叢刊》本，〔台〕明文書局，1986 年版。

（清）喻昌《醫門法律》，張曉梅等校注，中國中醫藥出版社，2002 年版。

（清）方略《尚友堂醫案》，上海中醫學院出版社，1993 年版。

（清）藍浦《景德鎮陶錄》，嘉慶二十年（1815）版。

（清）賴學海《吳城竹枝詞》，同治四年（1865）版。

三 總志與地方志書

（唐）李吉甫《元和郡縣圖志》，中華書局點校本，2005 年版。

（明）王士性《廣志繹》，中華書局點校本，1981 年版。

康熙《西江志》，白潢主修，查慎行等纂，康熙五十九年（1720）刊本。

雍正《江西通志》，謝旻主修，陶成等纂，雍正十年（1732）刊本。

光緒《江西通志》，劉坤一主修，劉繹等纂，光緒七年（1881）刊本。

民國《江西通志稿》，吳宗慈主修，辛際周等纂，1985 年整理印行本。

順治《吉安府志》，李興元修，歐陽主生等纂，順治十七年（1660）刊本。

康熙《奉新縣志》，黃虞再修，閔鉞等纂，康熙元年（1662）刊本。

康熙《（吉）永豐縣志》，鄧秉恆修，涂拔尤等纂，康熙元年（1662）刊本。

康熙《雩都縣志》，李祐之修，易學實等纂，康熙元年

（1662）刊本。

康熙《南昌郡乘》，葉舟修，陳弘緒等纂，康熙二年（1663）刊本。

康熙《豐城縣志》，何士錦修，陸履敬等纂，康熙三年（1664）刊本。

康熙《信豐縣志》，楊宗昌修，曹宣光纂，康熙三年（1664）刊本。

康熙《新昌縣志》，黃運啟修，熊任等纂，康熙四年（1665）刊本。

康熙《撫州府志》，劉玉瓚修，饒昌胤等纂，康熙四年（1665）刊本。

康熙《東鄉縣志》，沈士秀修，梁奇等纂，康熙四年（1665）刊本。

康熙《武寧縣志》，馮其世修，汪克淑等纂，康熙五年（1666）刊本。

康熙《宜黃縣志》，尤稚章修，歐陽斗照等纂，康熙五年（1666）刊本。

康熙《臨江府志》，施閏章修，高詠纂，康熙七年（1668）刊本。

康熙《餘干縣志》，江南齡纂修，康熙八年（1669）刊本。

康熙《峽江縣志》，佟國才修，邊繼登等纂，康熙八年（1669）刊本。

康熙《袁州府志》，施閏章修，袁繼梓等纂，康熙九年（1670）刊本。

康熙《高安縣志》，張文旦修，陳九疇纂，康熙十年（1671）刊本。

康熙《萬安縣志》，胡樞修，郎星纂，康熙十年（1671）刊本。

康熙《貴溪縣志》，畢士俊修，江熙龍等纂，康熙十一年（1672）刊本。

康熙《九江府志》，江殷道修，張秉鉉纂，康熙十二年（1673）刊本。

康熙《安福縣志》，張召南修，劉翼張等纂，康熙十八年（1679）刊本。

康熙《新建縣志》，楊周憲纂修，康熙十九年（1680）刊本。

康熙《寧州志》，班衣錦修，戴云章等纂，康熙十九年（1680）刊本。

康熙《臨川縣志》，胡亦堂纂修，康熙十九年（1680）刊本。

康熙《樂平縣志》，宋良翰修，楊光祚等纂，康熙二十年（1681）刊本。

康熙《浮梁縣志》，陳淯修，鄧爔等纂，康熙二十一年（1682）刊本。

康熙《金溪縣志》，王有年纂修，康熙十一年修，二十一年（1682）刊本。

康熙《饒州府志》，黃家遴增刻，康熙二十二年（1683）刊本。

康熙《鉛山縣志》，潘士瑞修，詹兆泰等纂，康熙二十二年（1683）刊本。

康熙《萍鄉縣志》，尚崇年修，譚詮等纂，康熙二十二年（1683）刊本。

康熙《宜春縣志》，王光烈修，周家禎等纂，康熙二十二年（1683）刊本。

康熙《樂安縣志》，方湛修，詹相廷等纂，康熙二十三年（1684）刊本。

康熙《上猶縣志》，章振萼纂修，康熙三十六年（1697）刊本。

康熙《重修瑞金縣志》，郭一豪修，朱云映等纂，康熙四十九年（1710）刊本。

康熙《瀲水志林》，張尚瑗纂修，康熙五十年（1711）刊本。

乾隆《寧都縣志》，鄭昌齡修，梅廷訓纂，乾隆六年（1741）刊本。

乾隆《奉新縣志》，余潮修，甘志道等纂，乾隆十五年（1750）刊本。

乾隆《安遠縣志》，董正修，劉定京等纂，乾隆十六年（1751）刊本。

乾隆《德化縣志》，沈錫三續修，羅為孝續纂，乾隆四十五年（1780）續刊本。

乾隆《石城縣志》，楊柏年修，黃鶴雯纂，乾隆四十六年（1781）刊本。

乾隆《新昌縣志》，楊文峰等修，萬廷蘭纂，乾隆五十七年（1792）刊本。

嘉慶《萍鄉縣志》，陳建勳纂修，嘉慶十六年（1811）刊本。

嘉慶《湖口縣志》，宋庚等修，洪宗訓等纂，嘉慶二十三年（1818）刊本。

道光《分宜縣志》，龔笙修，王欽纂，道光二年（1822）刊本。

道光《興國縣志》，蔣敘倫修，蕭朗峰纂，道光四年（1824）刊本。

道光《寧都直隸州志》，黃永綸修，楊錫齡等纂，道光四年（1824）刊本。

道光《豐城縣志》，徐清選等修，毛輝鳳等纂，道光五年（1825）刊本。

道光《吉水縣志》，周樹槐纂修，道光五年（1825）刊本。

道光《定南廳志》，賴勳等修，黃錫光等纂，道光五年（1825）刊本。

道光《萬載縣志》，衛鵝鳴修，郭大經纂，道光十二年（1832）刊本。

道光《浮梁縣志》，游際盛增補，道光十二年（1832）增補刊本。

道光《新建縣志》，崔登鰲等修，涂蘭玉纂，道光二十九年（1849）刊本。

同治《東鄉縣志》，李士棻等修，胡業恆纂，同治八年（1869）刊本。

同治《武寧縣志》，何慶朝纂修，同治九年（1870）刊本。

同治《清江縣志》，潘懿等修，朱孫詒等纂，同治九年（1870）刊本。

同治《上高縣志》，馮蘭森修，陳卿云等纂，同治九年（1870）刊本。

同治《新建縣志》，承霈修，杜友棠等纂，同治十年（1871）刊本。

同治《星子縣志》，藍煦等修，曹微甲等纂，同治十年（1871）刊本。

同治《貴溪縣志》，楊長傑修，黃聯珏等纂，同治十年（1871）刊本。

同治《鄱陽縣志》，陳志培修，王廷鑑等纂，同治十年（1871）刊本。

同治《新城縣志》，劉昌岳修，鄧家祺纂，同治十年（1871）刊本。

同治《建昌縣志》，陳惟清修，閔芳言等纂，同治十年（1871）刊本。

同治《分宜縣志》，李寅清等修，嚴升偉等纂，同治十年（1871）刊本。

同治《德化縣志》，陳鼐修，吳彬等纂，同治十一年（1872）刊本。

同治《都昌縣志》，狄學耕修，劉庭輝等纂，同治十一年（1872）刊本。

同治《南康府志》，盛元等纂修，同治十一年（1872）刊本。

同治《廣豐縣志》，雙全等修，顧蘭生等纂，同治十一年（1872）刊本。

同治《萍鄉縣志》，錫榮等纂修，同治十一年（1872）刊本。

同治《建昌府志》，邵子彝修，魯琪光纂，同治十一年（1872）刊本。

同治《安福縣志》，姚濬昌修，周立瀛等纂，同治十一年（1872）刊本。

同治《贛縣志》，黃德溥等修，褚景昕纂，同治十一年（1872）刊本。

同治《南昌府志》，許應鑅等修，曾作舟等纂，同治十二年（1873）刊本。

同治《廣信府志》，蔣繼洙纂修，同治十二年（1873）刊本。

同治《鉛山縣志》，張廷珩修，華祝三纂，同治十二年（1873）刊本。

同治《新喻縣志》，文聚奎等修，吳增逵纂，同治十二年（1873）刊本。

同治《贛州府志》，魏瀛修，魯琪光等纂，同治十二年（1873）刊本。

同治《雩都縣志》，顏壽芝等修，何戴仁等纂，同治十三年（1874）刊本。

光緒《吉水縣志》，彭際盛等修，胡宗元等纂，光緒元年（1875）刊本。

光緒《瑞金縣志》，張國英修，陳芳等纂，光緒元年（1875）刊本。

光緒《撫州府志》，許應鑅等修，謝煌等纂，光緒二年（1876）刊本。

光緒《吉安府志》，定祥等修，劉繹等纂，光緒二年（1876）

刊本。

光緒《龍南縣志》，孫瑞徵等修，鐘益馭纂，光緒二年
（1876）刊本。

光緒《建昌鄉土志》，譚鴻基修，吳士仁纂，光緒三十三年
（1907）刊本。

（民）《鹽乘》，胡思敬纂，民國 6 年（1917）刊本。

《民國初元南昌紀事》，汪浩督修，民國 9 年（1920）刊本。

（民）《南豐縣志》，包發鸞修，趙惟仁等纂，民國 13 年
（1924）版。

《清江縣志》，清江縣志編纂委員會編，上海古籍出版社，
1989 年版。

《鉛山縣志》，鉛山縣志編纂委員會編，南海出版公司，
1990 年版。

（清）《南昌文考》，萬廷蘭輯，乾隆六十年（1795）刊本。

（清）《白鷺洲書院志》，劉繹纂修,同治十年（1871）刊本。

（清）《青原志略》，笑峰大然編，江西人民出版社，1998
年點校版。

（清）《雲居山志》，元鵬禪師纂修，康熙十二年（1673）刊
本。

（清）《重刊麻姑山志》，黃家駒纂修，同治五年（1866）刊
本。

（清）《華蓋山志》，謝允璜纂修，同治八年（1869）刊本。

（清）《逍遙山萬壽宮志》，金桂馨等纂修，光緒四年（1878）
刊本。

（清）《清江慧力寺志》，趙汝明輯，光緒刊本。

（民）《江西青雲譜志》，徐云崖纂修，民國刊本。

《九江市風俗志》，九江市文化局編，2000 年版。

四　人物傳記

《國朝耆獻類征初編》，李桓纂，周駿富輯，《清代傳記叢刊》本，〔台〕明文書局，1989 年影印本。

《國朝先正事略》，李元度撰，岳麓書社，1991 年版。

《碑傳集》，（清）錢儀吉纂，周駿富輯，《清代傳記叢刊》本，〔台〕明文書局，1989 年影印本。

《清史列傳》，王鐘翰點校，中華書局，1987 年版。

《國史列傳》，東方文化學會印行本，《近代中國史料叢刊續輯》第七輯，臺灣文海出版社版。

《滿漢名臣傳》、《續集》、《三集》附《貳臣傳》，黑龍江人民出版社，1991 年版。

《清代碑傳全集》，上海古籍出版社，1997 年版。

《清代名人傳略》，〔美〕恆慕義主編，青海人民出版社，1990 年版。

《國朝名臣言行錄》，王炳燮輯，《近代中國史料叢刊》第四十八輯，臺灣文海出版社版。

《清代人物傳稿》（上、下編），清史編委會編，中華書局、遼寧人民出版社 1984-1994 年分別出版。

《明遺民錄》，孫靜庵撰，浙江古籍出版社，1985 年版。

《魏叔子年譜》，溫聚民編撰，上海商務印書館，1936 年

版。

《易堂九子年譜》，邱國坤編撰，江西高校出版社，1990 年版。

五　史料匯編

《中國近代手工業史料》，彭澤益主編，中華書局，1962 年版。

《清史資料》，中國社會科學院歷史研究所清史研究室編，中華書局，1985 年版。

《清代文字獄檔》，原北平故宮博物院文獻館編，上海書店，1986 年版。

《清史編年》，李文海主編，中國人民大學出版社，2000 年版。

《耶穌會士中國書簡集》（一至三卷），〔法〕杜赫德編，耿昇譯，大象出版社，2000 年版。

（清）《撫郡農產考略》，何德剛撰，光緒二十九年（1903）刊本。

（民）《江西之特產》，王松年撰，聯合征信所南昌分所，1949 年刊本。

《江西近代貿易史資料》，江西省社會科學院歷史研究所、江西省圖書館選編，江西人民出版社，1987 年版。

《江西地方文獻索引》（下編），江西省社會科學院情報資料研究所編，1987 年印行。

《江西四十三縣市文史資料目錄匯編》，江西師範大學區域

社會研究資料中心編，2000 年印行。

六　目錄工具書

《四庫全書總目》，中華書局，1983 年影印本。

《清史稿紀表傳人名索引》（上、下），何英芳編，中華書局，1996 年版。

《中國地方志聯合目錄》，莊威鳳等主編，中華書局，1985年版。

《中國稀見地方志匯刊》，中國社會科學院圖書館選編，中國書店，1992 年影印本。

《日本藏中國罕見地方志叢刊》，書目文獻出版社，1992 年影印本。

《日本藏中國罕見地方志叢刊續編》，北京圖書館出版社，2003 年影印本。

《中國方志叢書目錄》，〔台〕臺灣成文出版社，1996 年版。

《北京圖書館古籍珍本叢刊·史部地理類》，書目文獻出版社，1998 年影印本。

《中國地方志民俗資料匯編》，丁世良、趙放主編，書目文獻出版社，1995 年版。

《中國民間秘密宗教辭典》，濮文起編，四川辭書出版社，1996 年版。

《中華文化通志·民間宗教志》，馬西沙編，上海人民出版社，1998 年版。

《中國歷史大辭典》，鄭天挺等主編，上海辭書出版社，

2000 年版。

《江西歷代人物詞典》，陳榮華等主編，江西人民出版社，
1990 年版。

《江西省地圖冊》，江西省測繪局編制，中華地圖學社，
1993 年版。

七　研究著作

《江西史稿》，許懷林著，江西高校出版社，1993 年版。

《江西通史》，陳文華、陳榮華主編，江西人民出版社，
1999 年版。

《江西內河航運史》，沈興敬主編，人民交通出版社，1991
年版。

《明清景德鎮城市經濟研究》，梁淼泰著，江西人民出版
社，2004 年版。

《贛方言概要》，陳昌儀著，江西教育出版社，1991 年版。

《客贛方言比較研究》，劉綸鑫主編，中國社會科學出版
社，1999 年版

《江西文化》，周文英等編著，遼寧教育出版社，1993 年
版。

《江西佛教史》，韓溥著，光明日報出版社，1995 年版。

《江西近現代人物傳稿》，朱祥清主編，江西人民出版社，
1991 年版。

《江西歷代傑出科技人物傳》，李放主編，江西科學技術出
版社，2000 年版。

《江西公藏譜牒目錄提要》，梁洪生著，江西教育出版社，2002 年版。

《江西戲曲文化史》，龔國光著，江西人民出版社，2003 年版。

《清代江西財經訟案研究》，龔汝富著，江西人民出版社，2005 年版。

《江西省志·人物志》，劉斌總纂，方志出版社，2007 年版。

《江右王門與明中後期江西教育發展》，吳宣德著，江西教育出版社，1996 年版。

《寧都縣的宗族、廟會與經濟》，劉勁峰主編，（香港）國際客家學會、法國遠東學院、海外華人資料研究中心，2002 年版。

《吉安市的宗族、經濟與文化》（上、下），劉勁峰、耿豔鵬主編，（香港）國際客家學會、法國遠東學院，海外華人資料研究中心 2005 年版。

《易堂九子的生平和詩文》，謝帆云著，作家出版社，2001 年版。

《易堂九子散文選注》，邱國坤、戴存仁選注，花城出版社，2001 年版。

《近三百年人物年譜知見錄》，來新夏著，上海人民出版社，1983 年版。

《近代學風之地理的分布》，梁啟超著，《飲冰室合集》第五冊，中華書局 1989 年影印本。

《中國近三百年學術史》，梁啟超著，東方出版社，1996 年版。

《江村經濟——中國農民的生活》，費孝通著，上海人民出版社，2007 年版。

《明清福建家族組織與社會變遷》，鄭振滿著，湖南教育出版社，1992 年版。

《在國家與社會之間——明清廣東裡甲賦役制度研究》，劉志偉著，中山大學出版社，1997 年版。

《中國移民史》第 5、6 卷，曹樹基著，福建人民出版社，1997 年版。

《清代漕運》，李文治、江太新著，中華書局，1995 年版。

《明清湘鄂贛地區的人口流動與商品經濟》，方志遠著，人民出版社，2001 年版。

《明清長江中游市鎮經濟研究》，任放著，武漢大學出版社，2003 年版。

《明清長江中下游漁業經濟研究》，尹玲玲著，（濟南）齊魯書社，2004 年版。

《明代巡撫研究》，張哲郎著，〔台〕文史哲出版社，1995 年版。

《明朝總督巡撫轄區研究》，靳潤成著，天津古籍出版社，1996 年版。

《中國近代會黨史研究》，蔡少卿著，中華書局，1987 年版。

《在「盜區」與「政區」之間——明代閩粵贛湘交界的秩序變動與地方行政演變》，唐立宗著，臺灣大學出版委員會，2002 年版。

《王學通論——從王陽明到熊十力》，楊國榮著，三聯書店，1990 年版。

《羅洪先·聶豹評傳》，吳震著，南京大學出版社，2001 年版。

《陽明學的形成與發展》，錢明著，江蘇古籍出版社，2002年版。

《陽明後學研究》，吳震著，上海人民出版社，2003 年版。

《陽明學士人社群——歷史、思想與實踐》，呂妙芬著，〔台〕「中央研究院」近代史研究所專輯 87 輯，2003 年版。

《江右思想家研究》，鄭曉江主編，中國社會科學出版社，2003 年版。

《淨明道研究》，黃小石著，巴蜀書社，1999 年版。

《中國天主教史人物傳》，方豪著，中華書局，1988 年影印本。

《方豪六十自定稿》（上），方豪著，〔台〕學生書局，1969年版。

《明清間在華的天主教耶穌會士》，江文漢著，知識出版社，1987 年版。

《天主教傳行中國考》，蕭若瑟著，《民國叢書》第一編第11 集，上海書店據河北獻縣天主堂 1931 年版影印。

《中國天主教傳教史概論》，徐宗澤著，《民國叢書》第二編第 11 集，上海書店據土山灣印書館 1938 年版影印。

《明清間耶穌會士譯著提要》，徐宗澤著，《民國叢書》第一編，上海書店據中華書局 1949 年版影印。

八 外文著作

《〈荷使初訪中國記〉研究》，〔荷〕包樂史、〔中〕莊國土著，廈門大學出版社，1989 年版。

《衝突和適應：1860-1900 年的江西基督教》，〔美〕史維東（Alan Richard Sweeten）著，安・阿伯，密歇根大學出版社，2001 版。

《南明史》，〔美〕司徒琳（Lynn A. Struve）著，李榮慶等譯，上海古籍出版社，1992 年版。

《洪業–清朝開國史》，〔美〕魏斐德（Frederic E.Wakeman, Jr）著，薄小瑩等譯，江蘇人民出版社，1995 年版。

《中國社會史》，〔法〕謝和耐著，耿昇譯，江蘇人民出版社，1995 年版。

《蒙元入侵前夜的中國日常生活》，〔法〕謝和耐著，劉東譯，江蘇人民出版社，1999 年版。

《劍橋中國晚清史》，〔美〕費正清編，中國社會科學出版社，1993 年版。

《叫魂：1768 年中國妖術大恐慌》，〔美〕孔飛力著，陳兼、劉昶譯，上海三聯書店，1999 年版。

《在華耶穌會士列傳及書目》（上、下），〔美〕費賴之著，馮承鈞譯，中華書局，1995 年版。

《在華耶穌會士列傳及書目補編》（上、下），〔美〕榮振華著，耿昇譯，中華書局，1995 年版。

《基督教中國傳教手冊》（第一卷：635-1800），〔比〕

Nicolas Standaert 主編，雷登：Brill，2000 年版。

《中國和基督教》，[法] 謝和耐著，耿昇譯，上海古籍出版
社，1982 年版。

《江南傳教史》，[法] 史式徽著，天主教上海教區史料譯寫
組譯，上海譯文出版社，1983 年版。

《1900 年以前的基督教傳教活動及其影響》，〔美〕保羅·
柯恩著，收錄在《劍橋中國晚清史》，費正清（美）編，中國社
會科學出版社，1993 年版。

《中國基督徒史》，〔法〕沙百裡著，耿昇等譯，中國社會科
學出版社，1998 年版。

《大中國志》，〔葡〕曾德昭著，何高濟譯，上海古籍出版
社，1998 年版。

《遣使會在華傳教史》，〔美〕P. Octave Ferreux C. M. 著，吳
宗文譯，臺灣出版。

九　研究論文

《關於雍正帝的除豁賤民令》，[日] 寺田隆信撰，收入《日
本學者研究中國史論著選譯》第六卷，中華書局，1993 年版。

《論清代棚民的戶籍問題》，劉敏撰，《中國社會經濟史研
究》1983 年第 1 期。

《清前期江西棚民的入籍及土客籍的融合和矛盾》，萬芳珍
撰，《江西大學學報》（社科版）1985 年第 2 期。

《明清時期的流民與贛北山區的開發》，曹樹基撰，《中國農
史》1986 年第 2 期。

《移民・戶籍與宗族：清代至民國期間江西袁州地區研究》，鄭銳達撰，香港科技大學人文學部 1997 年碩士學位論文，未刊本。

《明清江西農村市場初探》，占小洪撰，中國社會科學院經濟研究所 1986 年碩士學位論文，鉛字打印本。

《明清時代江西墟市與市鎮的發展》，劉石吉撰，〔台〕「中央研究院」第二次中國近代經濟史研討會論文集，1989 年版。

《吳城商鎮及其早期商會》，梁洪生撰，《中國經濟史研究》1995 年第 1 期。

《江右王門學者的鄉族建設——以流坑村為例》，梁洪生撰，[台]《新史學》八卷一期，1997 年。

《從「異民」到「懷遠」——以「懷遠文獻」為重心考察雍正二年寧州移民要求入籍和土著罷考事件》，梁洪生撰，《歷史人類學學刊》第一卷第一期，中山大學歷史人類學研究中心、香港科技大學華南研究中心，2003 年。

《明清時期江西的商業城鎮》，許檀撰，《中國經濟史研究》1998 年第 3 期。

《清代前期的九江關及其商品流通》，許檀撰，《歷史檔案》1999 年第 1 期。

《贛南的農村墟市與近代社會變遷》，謝廬明撰，《中國社會經濟史研究》2001 年第 1 期。

《清代贛南鄉族勢力與農村墟市》，黃志繁撰，《江西社會科學》2003 年第 2 期。

《中心與邊緣：九江近代轉型的雙重變奏》，陳曉鳴撰，上

海師範大學 2004 年博士學位論文，未刊本。

《明清北京新建會館與地方管理權力的轉移》，杜玉玲撰，江西師範大學 2004 年碩士學位論文，未刊本。

《清代南昌城市經濟發展與轉型研究》，張敏撰，四川大學 2007 年碩士學位論文，未刊本。

《清代江西的糧食運銷》，陳支平撰，《江西社會科學》1983 年第 3 期。

《明清福建煙草的生產與貿易》，林仁川撰，《中國社會經濟史研究》1999 年第 3 期。

《清中葉江西中南部地區鹽梟走私初探》，吳海波撰，江西師範大學 2002 年碩士學位論文，未刊本。

《夏布業與棠陰村落變遷》，黃建安撰，江西師範大學 2004 年碩士學位論文，未刊本。

《清代江西運漕及其負擔研究》，陳華撰，江西師範大學 2005 年碩士學位論文，未刊本。

《江西萬安縣出土的民窯青花瓷試析》，余家棟、伯敏撰，《江西文物》1990 年第 2 期。

《海外瓷器貿易影響下的景德鎮瓷業》，劉昌兵撰，《南方文物》2005 年第 3 期。

《龍泉碼價探討》，張志云撰，《農業考古》1999 年第 1 期。

《郭明珠與龍泉碼價》，周慧撰，《中國典籍與文化》1999 年第 2 期。

《「樣式雷」–清代傑出的建築世家》，李理撰，《建築知識》2004 年第 6 期。

《清初江西三大學派歧同述略》，胡迎建撰，《江西社會科學》1996 年第 12 期。

《清初士人：道德追求與社會責任——以寧都魏氏一門為例》，廖華生撰，江西師範大學 2002 年碩士畢業論文，未刊本。

《陶福履校刊豫章叢書緣起內容及版本特點》，王咨臣撰，《江西大學學報》（社科版）1980 年第 1 期。

《清代江南鄉紳助考活動研究》，毛曉陽撰，江西師範大學 1999 年碩士學位論文，未刊本。

《清代江西進士叢考》，毛曉陽撰，浙江大學 2005 年博士學位論文，未刊本。

《良知學的轉折——聶雙江與羅念庵思想之研究》，林月惠撰，臺灣大學中國文學博士論文，1995 年。

《羅汝芳思想研究》，李慶龍撰，臺灣大學歷史所博士學位論文，1999 年。

《陽明後學研究的回顧與瞻望》，錢明撰，《寧波市委黨校學報》（社科版）2004 年第 1 期。

《陽明後學綜述》，吳震撰，《國學研究》第九卷，北京大學出版社，2002 年版。

《試論嘉慶八年江西廖干周起義》，曹國慶等撰，《江西師範大學學報》（社科版）1987 年第 1 期。

《清乾隆年間江西禁毀書查繳始末研究》，徐葦撰，《江西圖書館學刊》1999 年第 4 期。

《清代江西民間秘密教門研究》，譚小軍撰，江西師範大學 2006 年碩士學位論文，未刊本。

《龍虎山上清宮建置沿革初探》，周沐照撰，《中國道教》1981 年第 1 期。

《雲貴川境內萬壽宮的分布及其由來》，章文煥撰，《南昌職業技術師范學院學報》1997 年第 2 期。

《明清時期的民間宗教》，李尚英等撰，收入《中國社會史論》（上），湖北教育出版社，2000 年版。

《民間記憶的重塑：清代山東的驅蝗神信仰》，代洪亮撰，《濟南大學學報》（社科版）2002 年 3 期。

《環鄱陽湖的民間信仰》，扶松華撰，南昌大學 2006 年碩士學位論文，未刊本。

《宋元明清全真道發展述論》，陳金鳳撰，《宗教學研究》2007 年第 2 期。

《也談八大山人的幾個問題–兼致楊新〈八大山人三題〉》，蕭鴻鳴撰，《南方文物》1999 年第 1 期（「八大山人專輯」）。

《另眼看八大山人》，陳椿年撰，《書屋》2003 年第 4 期。

《一代才人的情志「淪落史」–論蔣士銓的三部文人故事劇》，林葉青撰，《藝術百家》2001 年第 1 期。

《江西名戲–東河戲》，廖祥年撰，《華夏文化》2004 年第 4 期。

《江西十大名醫譜（續）》，楊卓寅撰，《江西中醫藥》1987 年第 1 期。

《尚錯簡重訂，倡三綱鼎立》，張效霞撰，《中國中醫藥報》2007 年 7 月 11 日第 5 版。

《中國鄉村的婦女與法：江西教案的啟示，1872-1878》，

〔美〕史維東（Sweeten，Alan R.）撰，《清史問題》第 3 卷第 10 期，1978 年。

《中國鄉村的社會與官僚：以江西教案為例，1860-1895》，〔美〕史維東（Sweeten，Alan R.）撰，加利福尼亞大學博士論文，1980 年。

《康熙皇帝和他身邊的法國耶穌會士》，朱靜撰，《復旦學報》（社科版）1994 年第 3 期。

《清代法國耶穌會士在華傳教策略》，李晟文撰，《清史研究》1995 年 3 期。

《明末清初來華法國耶穌會士與「西洋奇器」–與北美傳教活動相比較》，李晟文、[加] 蒂爾貢撰，《中國史研究》1999 年第 2 期。

《明清歐人對中國輿地的研究》（一至三），吳孟雪撰，《文史知識》1994 年第 4、8、9 期。

《明清歐人對來華通道的探尋》，吳孟雪撰，《文史知識》1996 年第 2-6 期。

《明清歐人對中國宗教及其習俗的評價》，吳孟雪撰，《文史知識》1996 年第 1-2 期。

《明清歐人對中國科舉、教育制度的介紹與評價》，吳孟雪撰，《文史知識》1997 年第 1 期。

《十九世紀在華基督教的兩種傳教政策》，王立新撰，《歷史研究》1996 年第 3 期。

《傳教士與近代中西文化競爭》，羅志田撰，《歷史研究》1996 年第 6 期。

《明清在華耶穌會士面向西方描述的江西》，梁洪生撰，《江西師範大學學報》（社科版）2003 年第 1 期。

《明清江西天主教的傳播》，吳薇撰，《江西師範大學學報》（社科版）2003 年第 1 期。

《明清時期江西天主教的傳播》，吳薇撰，2003 年江西師範大學碩士學位論文，未刊本。

江西文庫 A0701A27

江西通史：清前期卷　下冊

主　　編	鍾啟煌
作　　者	梁洪生、李平亮
責任編輯	楊家瑜
發 行 人	陳滿銘
總 經 理	梁錦興
總 編 輯	陳滿銘
副總編輯	張晏瑞
編 輯 所	萬卷樓圖書股份有限公司
排　　版	菩薩蠻數位文化有限公司
印　　刷	百通科技股份有限公司
封面設計	菩薩蠻數位文化有限公司
出　　版	昌明文化有限公司

桃園市龜山區中原街 32 號

電話 (02)23216565

發　　行　萬卷樓圖書股份有限公司

臺北市羅斯福路二段 41 號 6 樓之 3

電話 (02)23216565

傳真 (02)23218698

電郵 SERVICE@WANJUAN.COM.TW

大陸經銷　廈門外圖臺灣書店有限公司

電郵 JKB188@188.COM

ISBN 978-986-496-195-5

2018 年 1 月初版

定價：新臺幣 320 元

如何購買本書：

1. 轉帳購書，請透過以下帳戶

合作金庫銀行　古亭分行

戶名：萬卷樓圖書股份有限公司

帳號：0877717092596

2. 網路購書，請透過萬卷樓網站

網址 WWW.WANJUAN.COM.TW

大量購書，請直接聯繫我們，將有專人為您

服務。客服：(02)23216565 分機 610

如有缺頁、破損或裝訂錯誤，請寄回更換

國家圖書館出版品預行編目資料

江西通史 清前期卷 ／ 鍾啟煌主編.-- 初版.--

桃園市 ： 昌明文化出版 ； 臺北市 ： 萬卷樓

發行, 2018.01

　冊 ；　公分

ISBN 978-986-496-195-5 (下冊 ： 平裝)

1.歷史 2.江西省

672.41　　　　　　　　　　　107001901

本著作物經廈門墨客知識產權代理有限公司代理，由江西人民出版社授權萬卷樓圖書
股份有限公司出版、發行中文繁體字版版權。

本書為金門大學華語文學系產學合作成果。　　　校對：邱淳楡／華語文學系三年級